Holler boller Rumpelsack,
Niklaus trug ihn huckepack.
Weihnachtsnüsse gelb und braun,
runzlig punzlig anzuschaun.
Knackt die Schale, springt der Kern
Weihnachtsnüsse ess ich gern.
Komm bald wieder in dies Haus
guter alter Nikolaus.

Albert Sergel (1876-1946)

## Liebe Leserin, lieber Leser,

bald kommt der gute alte Nikolaus auch wieder in Ihre Kita. Falls Sie seinen Besuch oder andere Bräuche um seine Person entstauben oder erweitern möchten, dann werden Sie in dieser Jahreszeiten-Sonderausgabe bestimmt fündig:
Die Kinder gestalten aus Pappmaschee einen starken Helfer für den Nikolaus, sie führen mithilfe eines Tageslichtprojektors ein Schattentheater auf, schreiben Briefe an das Postamt Himmelspforte, nehmen das Nikolausgewand unter die Lupe und bauen aus Stäben ein Haus für den Nikolaus.

Seien Sie mit den Kindern Ihrer Kita froh und munter, denn bald ist Nikolausabend da!

Herzlichst für das Team der Entdeckungskiste

Monika Janzer
Chefredakteurin

## INHALT

14 **Mit Nikolaus gestalten und schmücken …**, das machen die Kinder, wenn sie mit Reisighölzern großflächige Bilder malen, Nikolausikonen mit Goldfolie gestalten, aus Zitrusfrüchten ein Nikolausporträt legen und die Stiefelabdrücke vom Nikolaus imitieren.

27 **Mit Nikolaus spielen, musizieren und tanzen …** und dabei eine Geschichte in einem Hörspiel umsetzen, imaginär wie der Nikolaus tanzen, Schatten eine Geschichte erzählen lassen, ein Nikolauslied singen und mit Bewegungen begleiten.

38

Mit Nikolaus experimentieren und forschen ..., das geht am besten, wenn er seine Säckchen in der Kita vergessen hat und die Kinder diese schätzen, messen und wiegen oder wenn die Kinder aus Stäben ein Haus für den Nikolaus bauen.

49

Mit Nikolaus sprechen und lachen ..., das funktioniert am besten, wenn die Kinder dem Nikolaus in einem Interview Löcher in den Bauch fragen, einer Geschichte über den Esel Niko lauschen und wenn sie selbst Geschichten über einen schlafenden Nikolaus erfinden.

## 04 MIT NIKOLAUS EXPERIMENTIEREN UND FORSCHEN



## 05 MIT NIKOLAUS SPRECHEN UND LACHEN



## 06 MAGAZIN

# Das ABC der Geschenkebringer

## VOM NIKOLAUS ÜBER DAS CHRISTKIND BIS ZUM WEIHNACHTSMANN

Für viele sind die Grenzen zwischen Nikolaus und Weihnachtsmann fließend, dabei hat der eine mit dem anderen gar nichts zu tun. Was sie unterscheidet und welche Personen in anderen Ländern die **Geschenke bringen**, lesen Sie hier.

### Nikolaus

Viel ist über sein Leben nicht bekannt – Nikolaus hat aber wirklich gelebt! Es ranken sich viele Erzählungen um ihn, doch die meisten lassen sich nicht auf zuverlässige Quellen zurückführen. Nikolaus wurde irgendwann zwischen 270 und 286 in Patara geboren. Früher gehörte die Stadt zu Griechenland und heute liegt sie in der Türkei. Die Eltern von Nikolaus waren sehr reich, woraufhin er nach ihrem Tod ein beträchtliches Vermögen erbte. Er behielt ihr Geld jedoch nicht für sich, sondern verteilte es unter den Armen. Als Nikolaus 19 Jahre alt wurde, weihte ihn sein Onkel zum Priester. Anfang des vierten Jahrhunderts kam er dann nach Myra. Die Stadt heißt heute Demre und liegt ebenfalls in der Türkei. Dort wurde er schließlich zum Bischof gewählt. In welchem Jahr Nikolaus starb, ist nicht eindeutig belegt. Wahrscheinlich war es am sechsten Dezember – derselbe Tag, an dem wir heute seinen Namenstag feiern.

### Aber warum feiern wir Nikolaus eigentlich?

Nikolaus war ein gütiger und hilfsbereiter Bischof und zu Lebzeiten schon sehr beliebt bei den Leuten. Die Kirche sprach ihn früh und als einen der ersten Nicht-Märtyrer heilig. Die Legenden, die wir heute von ihm kennen, erzählen von seiner Hilfsbereitschaft: So bezahlte er drei Töchtern eines verarmten Kaufmanns die Mitgift, damit dieser seine Töchter nicht verkaufen musste. Als in Myra eine Hungersnot herrschte, überredete er Getreidehändler, von ihrer Ladung etwas abzugeben und versprach ihnen, dass ihnen am Zielort ihrer Reise kein Getreide fehlen würde. Und tatsächlich – obwohl das Getreide in Myra sogar noch für zwei weitere Jahre ausreichte, blieb die Schiffsladung komplett erhalten.
Indem wir jedes Jahr am sechsten Dezember den heiligen Nikolaus feiern, erinnern wir uns an seine guten Taten und wie er den Menschen geholfen hat.

### Weihnachtsmann

Ganz anders sieht es hingegen mit dem Weihnachtsmann aus, denn dieser ist eine erfundene Person. Er geht auf den heiligen Nikolaus zurück. Im Zuge der

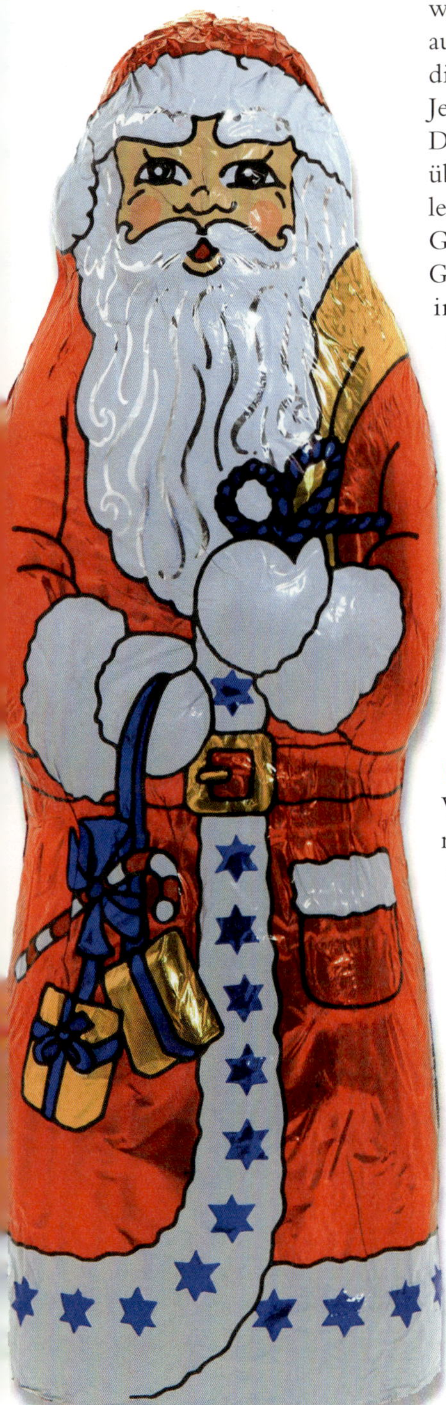

Reformation schaffte Martin Luther den Brauch ab, dass der heilige Nikolaus am sechsten Dezember die Geschenke bringt. Diese Rolle übernahm nun der „Heilige Christ" am Heiligen Abend – zunächst bei den Protestanten und nach und nach auch im katholischen Teil Deutschlands. Kurioserweise entwickelte sich mit den Jahren aus dem „Christkind" eine eigenständige, engelsgleiche Figur, die mit dem Jesuskind nichts mehr zu tun hatte. Dieses „Christkind" brachte dann überwiegend in den katholischen Teilen Deutschlands am Heiligabend die Geschenke. In den protestantischen Gebieten Deutschlands – also vor allem im Norden und Osten – übernahm diesen Job wieder der Nikolaus. Allerdings in neuer Gestalt: als Weihnachtsmann. Während Nikolaus wie ein Bischof gekleidet ist, stellen sich die Menschen den Weihnachtsmann wie einen alten Mann mit weißen Haaren und Rauschebart vor, der bevorzugt rote Kleidung trägt.

## Europäische Kollegen: Väterchen Frost, Befana, Sinterklaas und der Zwarte Piet, Père Noël und Joulupukki

Von diesen Nikolauskollegen ist nur noch einer Anfang Dezember unterwegs: **Sinterklaas** aus den Niederlanden. Er geht am Abend des fünften Dezembers, dem „Sinterklaasavond", von Haus zu Haus und hinterlässt dort die Geschenke. Dafür reist er jedes Jahr von Spanien aus mit dem Schiff an. Außer den Geschenken hat er den **Zwarten Piet** im Schlepptau. Der „schwarze Piet" ist der Helfer von Sinterklaas und ist – wie der Name schon verrät – tatsächlich schwarz im Gesicht. Auffällig ist seine bunte, altertümliche Kleidung. Sinterklaas hingegen sieht aus wie der Nikolaus.

Laut der Meinung der Finnen wohnt der **„Joulupukki"**, wie der Weihnachtsmann auf Finnisch heißt, in Lappland. Dieser Herr ist sogar verheiratet – mit **Joulumuori**. Die beiden wohnen im Inneren des Ohrenbergs und können dort die Wünsche aller Menschen hören. Ähnlich wie der amerikanische Santa Claus reist auch Joulupukki mit dem Rentierschlitten. Er klettert aber nicht durch den Kamin, sondern kommt durch die Haustür. Am 24. Dezember schlüpft bei den Finnen dann der Vater oder ein Verwandter in die Rolle des Joulupukki und beschert die Familie.

Einen Tag später machen die **Franzosen** Bescherung. Ihnen legt nachts heimlich der **Père Noël** die Geschenke unter den Baum. Der Père Noël ist ein bärtiger Mann mit roter Mütze und rotem Gewand. Er reist mit einem Rentierschlitten und ist mit dem Santa Claus ebenso schnell zu verwechseln wie der Joulupukki.

Die russischen und italienischen Kollegen lassen sich etwas länger Zeit mit der Bescherung. In **Russland** erfolgt die Zeitrechung nicht nach dem gregorianischen, sondern nach dem julianischen Kalender. Deshalb kommt **Väterchen Frost** nach unserem Kalender erst in der Silvesternacht. Er reist mit seiner Enkelin **Schneeflocke** auf einem Schlitten, den Schimmel ziehen.

Wenn wir am sechsten Januar die Heiligen Drei Könige feiern, macht sich in **Italien** die **Hexe Befana** auf den Weg zu den Kindern. Die Legende besagt, dass sie sich vor 2000 Jahren nicht mit den Heiligen Drei Königen auf die Suche nach dem Jesuskind machen wollte – allein aber den Weg nicht fand. Deswegen ist sie heute immer noch unterwegs. Sie fliegt mit ihrem Besen durch die Lüfte. Allen Kindern, an denen sie vorbeifliegt, wirft sie Süßigkeiten durch den Kamin.

**Red.**

# Ich bin doch nicht der heilige Nikolaus

**SOLLEN WIR KINDER DAS SCHENKEN LEHREN?**

„Der heilige Nikolaus – der hat doch heute in einer Kita nichts mehr zu suchen!" Warum dies so nicht stimmt und warum die Werte, für die er steht, auch für Kinder wichtig sind, lesen Sie in diesem Beitrag.

Mit Freunden eine leckere Mandarine teilen, ...

**EINE UMFRAGE UNTER** pädagogischen Fachkräften zeigt, wie sie es mit dem Nikolaus halten. In der Regel reagieren sie recht positiv: „Unsere Kinder lieben den Nikolaus und die Geschichten, die wir von ihm erzählen.", „Er ist als gutes Beispiel zu gebrauchen, wenn das Thema ‚Teilen und Schenken' ansteht." Und in Kitas, die religiöse Erziehung und Bildung praktizieren, gehören Heilige einfach dazu: Sankt Nikolaus ist einer der beliebtesten unter ihnen. Es gibt aber auch skeptische Stimmen und nicht selten eine klare Ablehnung des Themas „Nikolaus als Vorbild des Teilens und Schenkens". Manche pädagogische Fachkraft fragt sich, ob es heute noch sinnvoll ist, dass Kinder das Teilen und Schenken lernen sollen, ob dies überhaupt ein Thema von Kindern ist – und ob man das nicht den Eltern überlassen soll. Der folgende Beitrag zeigt auf,

- dass Schenken und Teilen zur Lebenswelt von Kindern gehören und sich deshalb ein frühes Auseinandersetzen und Ausprobieren anbietet,
- worin der Gewinn für das Kind liegen kann,
- wie ein solches soziales Lernen konkret erfolgen sollte.

## Das „Zeitgeistargument"

„Heute denkt doch jeder nur an sich", „Jeder muss selbst schauen, wie er auf seine Kosten kommt", „Die Guten sind am Ende doch immer die Dummen" – solche Sprüche sind uns nicht fremd. Man hört sie bei Jüngeren und Älteren, in Familien, Betrieben und an vielen anderen Orten, an denen Menschen ins Gespräch kommen – auch in Kita-Teams. Zugleich beklagen wir uns über die soziale Kälte im Land; darüber, dass die Menschen sich kaum noch umeinander kümmern, dass es immer anonymer zugeht im Wohnblock, auf Straßen usw. Manche Prominente im Fernsehen scheinen uns vertrauter als Nachbarn, Verwandte und Kollegen zu sein, für Zwischenmenschliches bleibt immer weniger Zeit. Eltern

... sich gegenseitig
Mut schenken und ...

... miteinander
Spaß haben.

und pädagogische Fachkräfte, die angesichts dieser Diagnose des heute vorherrschenden Zeitgeistes fordern, dass Kita und Schule Kinder genau auf diese Gesellschaft vorbereiten und „wehrhaft" machen sollen, halten nichts vom Nikolaus und einer pädagogischen Praxis, die zum Teilen und Schenken anleitet.

## Teilen und Schenken – ein Thema von Kindern?

Bei einer Diskussion über den grundsätzlichen Sinn und den pädagogischen Wert einer Erziehung zum Teilen und Schenken sollte der im vorigen Abschnitt beschriebene Zeitgeist zunächst eine untergeordnete Rolle spielen. Er kann wichtig sein, wenn es darum geht, die Lebenswelten von Kindern – und damit die Einstellungen und Redensarten der Menschen in diesen Lebenswelten – in die Ziele, die Inhalte und die Wahl der Methoden einzubeziehen. Im Mittelpunkt stehen das Kind und die Frage, wie eine Erziehung zum Teilen und Schenken erfolgen soll, die ihm gerecht wird. Ein pädagogischer Prozess sollte:

- den Bedürfnissen und den Interessen des Kindes entsprechen,
- auf der Basis aktueller wissenschaftlicher Erkenntnisse aus der Entwicklungspsychologie und Pädagogik erfolgen,
- den Kindern einen nachweisbaren Nutzen bringen.

Was die Bedürfnisse des Kindes anbelangt, so ist zu beobachten, dass Kinder gerne Freundschaften schließen, sich in Gruppen aufhalten und miteinander etwas unternehmen. Generell ist für sie wichtig, dabei zu sein und in Beziehungen zu anderen Menschen, Gleichaltrigen wie Erwachsenen, zu leben. Eine Form der Gestaltung dieser Beziehungen, vor allem von Freundschaften, ist das Teilen und Schenken. Hier ist nicht gemeint, dass sich Kinder das Dabeisein- und Mitmachendürfen bzw. Freundschaften durch Geschenke erkaufen (was leider immer wieder einmal der Fall ist). Vielmehr ist das gemeint, was Kinder unter „Teilen und Schenken" verstehen: Teilen heißt, ein anderes Kind an Spielen und anderen Aktivitäten teilhaben zu lassen, es in die Gruppe aufzunehmen und Gemeinschaft mit ihm zu teilen. Ferner teilen Kinder ihre Freude mit anderen, wie sie auch an dem Anteil nehmen, was den anderen bedrückt (dann schenken sie ihm oft Trost und Aufmunterung). Schließlich teilen Kinder auch gerne materielle Dinge, indem sie von ihren Süßigkeiten, ihrem Obst usw. etwas abgeben, den anderen mit ihren Spielsachen spielen lassen oder ein Buch ausleihen. Teilen ist ein Thema von Kindern, weil es für sie eine selbstverständliche und wichtige Form der Gestaltung von Beziehungen, Freundschaften und Gemeinschaft darstellt.

Eine ähnliche Bedeutung kommt dem Schenken zu: Kindern macht es Freude, wenn sie ein Geschenk für einen anderen Menschen aussuchen oder herstellen (malen, gestalten, bauen). Es ist ein Ausdruck von „mögen", „lieb haben", „trösten", „Freund sein". Und Kinder können sich darüber freuen, wenn ihr Geschenk gefällt und dem Beschenkten Freude macht. Für Vorschulkinder steht der materielle Wert eines Geschenks meist nicht im Vordergrund. Schenken, wie auch das Teilen, macht Kindern Freude und – wie uns die Forschungen zum Thema „Kinderglück" zeigen – beides macht Kinder auch glücklich.

Fazit: Teilen und Schenken sind Themen von Kindern, weil sie:

- Wichtige Formen der Gestaltung von sozialen Beziehungen sind.
- Kindern die Möglichkeit bieten, ihre Empfindungen anderen Menschen gegenüber auszudrücken.
- Kindern Freude machen und von Kindern immer genannt werden, wenn man sie fragt, was sie glücklich macht.

In diesen Erfahrungen dessen, was Teilen und Schenken bei anderen bewirken und was es in einem selbst an Freude, Zufriedenheit, Glück auslöst, liegt der emotionale Gewinn für Kinder. Kompetenzgewinn und Nutzen liegen darin, dass Kinder durch Teilen und Schenken lernen und befähigt werden,

- wie man seinen Empfindungen Ausdruck verleiht und in Handeln umsetzt (Selbstwirksamkeitskompetenz),
- wie man Beziehungen gestaltet (soziale Kompetenz),
- wie man Fantasie aufbringen und ein auf den betreffenden Menschen und Anlass abgestimmtes Geschenk aussuchen, herstellen, gestalten, wie man etwas teilen oder jemanden teilhaben lassen kann (kreative Kompetenz).

## Begründungen durch die Entwicklungspsychologie

Die skizzierten Chancen und Gewinne lassen sich nicht nur durch Beobachtung und Berichte aus dem alltäglichen Leben mit Kindern bestätigen. Sie sind auch von elementarer Bedeutung für die Persönlichkeitsentwicklung des Kindes und gehören zu bestimmten Phasen ihrer Entwicklung.

Die Entwicklungspsychologie liefert recht genaue Befunde darüber, welche Bedeutung die Entwicklung folgender Einsichten und Kompetenzen für die Persönlichkeitsstabilisierung der Kinder hat:

- die Entwicklung von Empathiefähigkeit, mit der das Kind die Perspektive eines anderen Menschen einzunehmen vermag – im Blick auf Teilen und Schenken heißt das: Hier lernt das Kind zu erfassen, was es bei einem anderen Kind auslöst, wenn es mit diesem etwas teilt, es mitmachen lässt, ihm etwas schenkt;
- die Entwicklung von Wertempfinden und der Fähigkeit, Werte zu erkennen und zu unterscheiden, als die Aneignung der Kompetenz zu ethischem Urteilen – im Blick auf das Teilen und Schenken heißt das: Wenn diese in einen umfassenderen Prozess der Werteerziehung eingebunden werden, lernt das Kind, die Bedeutung eines solchen Verhaltens und Handelns vom konkreten Tun zu abstrahieren und in eine „Theorie wohltuenden Handelns“ einzuordnen;
- die Entwicklung von Selbstwertempfinden und Selbstbewusstsein durch die Erfahrung der Selbstwirksamkeit bei der Gestaltung von Beziehungen zu anderen Menschen – im Blick auf das Teilen und Schenken heißt das: Kinder erfahren, was sie bei anderen durch das Teilen und Schenken bewirken, wie sie dadurch ausdrücken können, wie sie zu ihnen stehen, wie sie dabei etwas „inszenieren“ und zu einer auf Wertzuschreibungen basierenden Beziehung und Umgangskultur beitragen können.

## Zurück zum Nikolaus: Teilen und Schenken in der pädagogischen Praxis

Wie Teilen und Schenken im Alltag der Kinder sowie zu besonderen Anlässen konkret erfolgen können, wurde in den bisherigen Ausführungen bereits an einigen Stellen skizziert. Hier zusätzliche Anhaltspunkte dafür, wie Sie in der pädagogischen Arbeit mit Kindern das Lernen und Einüben von Teilen und Schenken gestalten können:

- Kontextualisieren: Teilen und Schenken stets in einen größeren Beziehungsgestaltungszusammenhang stellen.
- Vorbild- bzw. Modellernen ermöglichen: Formen des Teilens und Schenkens an beispielgebenden Menschen aufzeigen – am Nikolaus und anderen Figuren aus dem Schatz der Heiligen und großen Gestalten der Menschheit, an Figuren aus der Kinderliteratur, am Vorbild der pädagogischen Fachkräfte und anderer Menschen aus der Lebens- und Wahrnehmungswelt der Kinder.
- Verhaltens- und Handlungsmöglichkeiten anbieten: Wenn Kinder nicht recht wissen, wie das mit dem Teilen und Schenken „geht“, sollten Sie konkrete Beispiele aufzeigen und einüben, damit die Kinder sicher in ihrem Verhalten und Handeln werden.
- Dilemmasituationen beachten: Bei dem Bemühen, Kindern Teilen und Schenken erfahrbar zu machen, sollten Sie auf gegenläufige Botschaften und Verhaltensmuster, die Kinder in ihren Familien oder an anderen Orten ihrer Lebenswelt erfahren, achten. Dann ist es Aufgabe der pädagogischen Fachkraft, den Kindern dabei zu helfen, ihre eigene Meinung zum Teilen und Schenken zu finden und diese auch anderen gegenüber zu formulieren und zu vertreten.

## Der Nikolaus hat's in sich

Wenn man all das bedenkt, was in diesem Beitrag nur skizzenhaft über die Bedeutung und den Wert des Teilens und Schenkens aufgezeigt wurde, dann rückt auch der Nikolaus in ein neues Licht: Er ist nicht mehr eine folkloristische Einlage bei der Gestaltung der Vorweihnachtszeit, sondern er kann zu einer modernen, attraktiven Leitfigur für die Kinder werden – auch in einer säkularisierten Welt.

**Dr. Matthias Hugoth**
ist Theologe, Pädagoge und Professor für Erziehungswissenschaft und Elementarpädagogik. Er unterrichtet an der Katholischen Hochschule Freiburg.

*Literaturliste auf Anfrage bei der Redaktion: redaktion@entdeckungskiste.de*

# Nikolaus für Eilige

## IMPULSE FÜR SCHNELLE NIKOLAUSAKTIONEN

Viel Stress und nicht viel Zeit im Dezember? Keine Kapazitäten für eine große Nikolausfeier? Wir liefern Ihnen sechs kurze Impulse für Nikolausaktionen, die Sie schnell und ohne viel Aufwand umsetzen können.

### Mein stiller Freund

Die Kinder wichteln gemeinsam. Drucken Sie dazu von jedem Kind ein Foto als Wichtelzettel aus. Jedes Kind zieht nun als Wichtel ein Foto eines anderen Kindes und wird dessen „stiller Freund". Es bleibt unerkannt und tut einen Tag lang seinem Freund etwas Gutes, z. B. ein Bild malen und ins Fach legen, einen Apfel schneiden und teilen, mit ihm Zeit verbringen usw. Jedes Kind kann sich die Überraschungen selbst überlegen.

### Schöne Worte verschenken

Die Kinder verschenken „schöne" Worte, indem sie den übrigen Kindern z. B. sagen, warum sie sie gern haben, gerne mit ihnen spielen, was ihnen gut gefällt oder indem sie mit Ihrer Hilfe kleine Gedichte aufschreiben und den anderen Kindern schenken.

### Geschenke für den Nikolaus

Nikolaus hat am 6. Dezember viel zu tun. Wenn er die Kita besucht und Geschenke verteilt, können die Kinder dem Nikolaus auch einmal etwas Gutes tun. Sie überlegen sich im Vorfeld eine kleine Überraschung für ihn, wie z. B. ein selbst gemaltes Bild, eine Tüte mit selbst gebackenen Plätzchen usw. und überreichen sie ihm bei der Nikolausfeier.

### Weihnachten im Schuhkarton

Diese Aktion vom christlichen Kinderhilfswerk „Geschenke der Hoffnung e. V." hilft Kindern in Osteuropa und Asien, die sonst keine Geschenke bekommen. Jeder, der mitmachen möchte, kann einen Schuhkarton mit Weihnachtspapier bekleben und entweder für einen Jungen oder ein Mädchen im Alter von zwei bis vier, fünf bis neun bzw. zehn bis vierzehn Jahren Geschenke hineinlegen. Eine kleine Geldspende von sechs Euro ist obligatorisch, Porto fällt dafür keines an.
Mehr Infos unter: www.geschenke-der-hoffnung.org/projekte/weihnachten-im-schuhkarton

### Plätzchenbacken fürs Altenheim

Die Kinder backen Plätzchen in der Kita und bringen diese in ein Altenheim in der Nähe. Dort wohnen oft alte Menschen, die nicht mehr viel Besuch bekommen und sich sicher über diese Aufmerksamkeit freuen.

### Festschmaus

Nicht nur zu Lebzeiten des heiligen Nikolaus – auch heute noch gibt es Familien, die nicht viel Geld zum Leben haben. Die Kinder überlegen gemeinsam, aus welchen Lebensmitteln sich ein besonders festliches Essen herstellen lässt, z. B. mit Vorspeise, Hauptgericht, Nachtisch und passenden Getränken und kaufen diese mit Ihrer Unterstützung ein. Fragen Sie bei der örtlichen Tafel nach, welcher Familie die Kinder mit diesem Essen eine Freude machen könnten. Dieser Familie lassen sie dann die Lebensmittel zukommen. Red.

# Ein Nikolaus für alle

## DREI FRAGEN ZUR MULITKULTURALITÄT AN ERZIEHERIN JOHANNA GÖTZ

**Frau Götz, Sie arbeiten in einer Kita, in der Kinder aus mehr als zehn verschiedenen Nationen sind. Wie werden Sie den Bedürfnissen der unterschiedlichen Kulturen und Religionen gerecht?**

Johanna Götz: Zunächst ist es sicher die Beziehung, die wir zu den einzelnen Kindern und Familien aufbauen, egal welcher Herkunft oder Religion. Eltern, die ihr Kind in fremde Hände geben, brauchen Vertrauen und eine gewisse Sicherheit. Dass die Eltern wissen, dass man ihre Kompetenz u. a. in Sachen religiöser Erziehung und Kulturvermittlung nicht infrage stellt, ist sicher wichtig. Hilfreich ist natürlich, wenn man selbst eine Neugier und ein Interesse, ja auch in gewisser Weise eine Freude an der Religion und Kultur jeder Familie mitbringt. Es ist wertvoll, diesbezüglich die eigene Haltung und die des Teams regelmäßig zu hinterfragen und zu reflektieren sowie Fortbildungen zum Thema zu besuchen. Aufgrund der eigenen Sozialisation und Ausbildung kann die Entwicklung einer Offenheit und Wertschätzung ein langer Prozess sein.

Wir versuchen, mit allen Familien in Kontakt zu bleiben, das persönliche Gespräch zu suchen, manchmal das uns selbstverständlich Erscheinende zu erklären oder zu fragen, wie etwas in der Familie gehandhabt wird. In unserer Gruppe laden wir seit vielen Jahren alle Eltern, die Lust haben, zum Hospitieren oder Vorlesen ein – auch in anderen Sprachen als Deutsch. Wer möchte, kann den Kindern etwas aus der Familie erzählen, Fotos oder Gegenstände zeigen oder über seinen Beruf, seine Arbeit oder seine eigene Heimat berichten. Das Vertrauen, das dabei entsteht, hilft wiederum, aufkommende Konflikte konstruktiv zu lösen. Auch an interkulturellen Lese- und Erzählabenden baut eine heitere, lockere Atmosphäre Vertrautheit auf.

## MEIN PERSÖNLICHER BUCH-TIPP

**Wo holt der Nikolaus seine guten Sachen?**
**von Silvia Hüsler**
**Brigg Pädagogik Verlag**
**Preis 16,80 €**

**Greifen Sie religiöse Feste im Kita-Alltag auf? Welche Feste feiern Sie im Dezember?**
Johanna Götz: Ja, einige christliche Feste gehören zum Jahresablauf im Kindergartenalltag schon allein aus kulturellen Gründen einfach dazu. Der Orientierungsplan lässt bezüglich der Vermittlung von Religion eine sehr offene Interpretation zu. Kinder sollen von der Vielfalt der Religionen und Weltanschauungen, aber auch von der „christlichen Prägung unserer Kultur" erfahren. Die Fest- und Feiergestaltung ist also eine Auslegungsfrage. Und ihre Umsetzung ist so vielfältig wie das Team, in dem jedes Mitglied seine eigene religiöse und kulturelle Sozialisation mitbringt.
In unserer Einrichtung feiern wir die gängigen, christlich geprägten Feste Fasching, Ostern und im Dezember Advent, Nikolaus und Weihnachten. Zu weiteren christlichen Feiertagen hängen wir eine Information für die Eltern an eine Wand beim Eingang, auf der wir den Familien einen schönen Feiertag wünschen. Diese Präsentationswand nutzen wir auch, um zu Festen anderer Religionen zu gratulieren. Oft erfahren wir von den Familien der Einrichtung, wann ein wichtiges Fest ansteht. Weitere Termine entnehmen wir dem „Interkulturellen Kalender", der jeder Gruppe zur Verfügung steht und der in der Eingangshalle aushängt. Dabei bitten wir Eltern anderer Herkunftsländer, die Gratulation noch in ihrer Sprache dazuzuschreiben.
Im Rahmen dessen, was Eltern uns in die Gruppe mitbringen, haben wir auch immer wieder Feste anderer Religionen gefeiert, beispielsweise das Diwalifest der Hindus, das Zuckerfest zum Ende des Ramadan oder die koptische Weihnacht. Ich denke, zu Festen werden in aller Welt immer Gäste eingeladen, und an religiösen Festen dürfen auch Menschen anderer Religionen teilnehmen. Wenn der gegenseitige Austausch und Respekt die Stimmung prägt, können wir Eltern auch die Angst nehmen, dass ihr Kind in der Einrichtung religiös zu stark beeinflusst werden könnte.

**Haben Sie Tipps, wie andere Kitas Nikolaus feiern können, obwohl sie viele Kinder aus anderen Kulturen und Religionen betreuen?**
Johanna Götz: Ob in die Gruppe ein Nikolaus kommt, oder er den Sack vor die Tür stellt, ob er einen Brief schreibt oder aus dem Goldenen Buch etwas vorliest – wichtig ist, das Nikolausfest so zu feiern, dass es einem selbst liegt und man zu jeder Zeit dahinterstehen kann. Der Rahmen der Feier sollte mit den Eltern – und auch den Kindern – besprochen werden. Es gibt gerade zur Nikolausfeier viele verschiedene Umgangsweisen und Meinungen, sowohl bei religiösen als auch bei nicht-religiösen Familien verschiedener Religionen. Sie berührt viele Bereiche. Möchte man in der Familie dem Kind suggerieren, es gäbe einen Nikolaus – oder gerade nicht? Wie stark werden religiöse Aspekte des Nikolausfestes im Kindergarten thematisiert? Bekommt mein Kind dann einen Haufen Süßigkeiten, den es eigentlich nicht essen soll? Wir sprechen meist am ersten Elternabend im Kindergartenjahr darüber und tauschen uns mit den Eltern aus.
Wer sich mit der Nikolauslegende und den verschiedenen Bräuchen zum Nikolaustag befasst, findet viele Möglichkeiten und Anknüpfungspunkte in der interkulturellen Arbeit. Der Legende nach lebte der Bischof Nikolaus in Myra in der Türkei. Um seine Geschichte ranken sich Themen wie Armut, soziale Hilfe, Piraterie bzw. Unehrlichkeit und vieles mehr. Egal, was man daraus herausgreift, es lässt sich kultur- und religionsübergreifend bearbeiten und vermitteln. Zu den Bräuchen lassen sich auch Gemeinsamkeiten finden, z. B. das Verteilen von Süßigkeiten an Kinder beim islamischen Zuckerfest. Über den inhaltlichen Austausch mit Eltern konnten wir in einem Jahr einen türkischen Vater gewinnen, den Nikolaus in der Gruppe zu spielen.

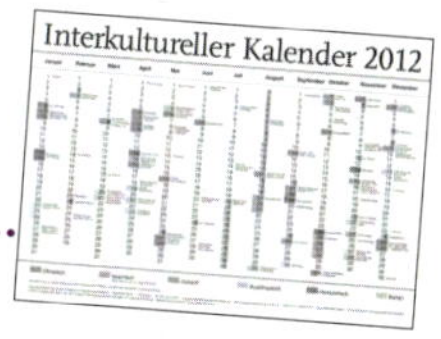


## Internet-Tipp

**www.integrationsbeauftragter.berlin.de (Navigation: Veröffentlichungen → Interkulturelles und Religion) Interkultureller Kalender zum kostenlosen Download.**

**Johanna Götz M.A.**
ist Ethnologin und Erzieherin. Sie studierte Ethnologie, Islamwissenschaften, Romanistik und Afrikanistik in Freiburg und Köln. Seit zwölf Jahren arbeitet sie im Städtischen Kinderhaus Waldhäuser-Ost in Tübingen, einer Einrichtung, in der 70 % der Kinder einen Migrationshintergrund haben.

# Nikolaus-Trikolore

4+

## MALEN MIT ROT, WEISS UND BRAUN

Weißes Gewand, roter Mantel, braune Stiefel … – die Kleidung des heiligen Nikolaus ähnelt sich auf Abbildungen fast immer, da sie der Bischofskleidung nachempfunden ist. Beim Malen mit nur drei Farben und beim Erproben verschiedener Malutensilien erweitern die Kinder ihre **Ausdrucksmöglichkeiten** und ihr **(fein-)motorisches Geschick.**

### Materialien:

- **1 großer Würfel**
- **Papier in Rot, Weiß und Braun**
- **doppelseitiges Klebeband**
- **mehrere Nikolausbilder, z. B. Postkarten, Bilderbücher, Ausdrucke**
- **Acryl- oder Gouachefarbe in Rot, Weiß und Braun**
- **Plastikschalen**
- **Wasserbehälter**
- **Pinsel, Schwamm, Walze, Spachtel, Malerpinsel, Gänsefeder**
- **Kartonreste als Malgründe**
- **durchsichtige Folie, ca. 4 x 4 m**

### Los geht's:

Präparieren Sie einen großen Würfel, indem Sie mit doppelseitigem Klebeband auf die Augen „1" und „2" weißes Papier kleben, auf „3" und „4" rotes und auf „5" und „6" braunes. Richten Sie daraufhin mit den Kindern sechs Malstationen im Raum ein, sodass sich an jeder Station ein Stück Karton als Malgrund sowie je eine Plastikschale mit roter, weißer und brauner Farbe befinden. Bestücken Sie jede Malstation mit einem anderen Malutensil, wie z. B. einem kleinen Pinsel, einem Schwamm, einer Walze, einer Spachtel, einer Feder und einem Malerpinsel.

Legen Sie verschiedene Nikolausbilder aus und schauen Sie sie gemeinsam mit den Kindern an:

- Wer ist auf dem Bild zu sehen?
- Welche Farben könnt ihr sehen?
- Tauchen bestimmte Farben immer wieder auf?
- Welche Gegenstände haben stets die gleiche Farbe?

So erfahren die Kinder, dass „nikolaustypische" Farben vor allem Rot, Weiß und Braun sind.

Die Kinder erkunden die typischen Farben vom Nikolaus

Rot, Weiß, Braun? Der Würfel entscheidet!

Welche Spuren hinterlässt der Pinsel, ...

Wie ist es, ausschließlich mit diesen drei Farben, mit zwei von ihnen oder nur mit einer zu malen? Um das herauszufinden, würfelt jedes Kind dreimal mit dem präparierten Würfel. Der Würfel zeigt an, welche Farbe das Kind auf die Plastikschale gibt und mit welcher es letztlich malt. Würfelt ein Kind z. B. zweimal Rot und einmal Braun, malt es nur mit diesen beiden Farben. An welcher Malstation, d. h. mit welcher Technik und was genau es malen möchte, entscheidet das Kind selbst. Mit Pinseln zu malen, ist gängige Praxis, aber: Wie lässt sich mit einer Spachtel Farbe auftragen? Welche Linien entstehen auf dem Karton, wenn eine Walze sie zieht? Wie gut liegt ein Malerpinsel in der Hand im Vergleich zu einem kleinen Pinsel? Und welche Farbtöne entstehen, wenn die Kinder die gewürfelten Farben mischen – z. B. Rosa aus Weiß und Rot?

Ist jedes Kind fertig, betrachten alle gemeinsam in einem Rundgang ihre Bilder. Das Kind, das gemalt hat, kann etwas dazu sagen. Die anderen Kinder können ihm Fragen dazu stellen oder Rückmeldung dazu geben, was ihnen daran besonders gefällt. Fragen Sie die Kinder evtl. ergänzend:

- Welche Gemeinsamkeiten bzw. Unterschiede erkennt ihr in den Bildern?
- Welche Motive haben die Kinder gemalt?
- Welches Malutensil trägt die Farbe besonders dick auf, welches eher dünn?

Die Kinder können in einer neuen „Runde“ erneut würfeln, um andere Farbkombinationen und Malutensilien zu testen. Je nach Belieben können sie auch ohne das Spiel mit dem Würfel die Farben wählen.

Zum Abschluss malen die Kinder an einem großen, gemeinsamen Bild auf Folie. Dazu würfelt jedes Kind einmal und malt die gewürfelte Farbe mit einem Utensil seiner Wahl auf die Folie. Bringt die andere Unterlage auch ein anderes Malergebnis?

**Michaela Fichtner**

... welche die Walze und ...

... welche die Spachtel?

# Auf gemusterten Sohlen

3+

## (FUSS-)SPUREN HINTERLASSEN UND ERKUNDEN

Bei seinen Besuchen hinterlässt der Nikolaus im Schnee oder auf dem Kita-Boden Spuren. Ausgehend davon, erforschen die Kinder verschiedene Möglichkeiten, Spuren zu hinterlassen und schauen sich ihre **„Fußnegative"** einmal genauer an.

Ein nackter Fuß hinterlässt eine andere Spur als ein Stiefel

Schritt für Schritt in der „Schuh-Druckwerkstatt" Sohlenmuster hinterlassen

**Materialien:**

- viele alte Zeitungen
- weiße Papier- oder Tapetenbahnen
- alte Schuhe für die Kinder
- wasserlösliche Farben, z. B. Fingerfarbe
- flache Plastikschalen
- Bürste und Küchenpapier
- evtl. Wanne und Wasser
- 1 Jutesack mit kleinen Spielzeugautos und -figuren, Mandarinen, Nüssen usw.

## Los geht's:

Bevor Sie diese Aktion durchführen, erklären Sie den Eltern, was Sie vorhaben und bitten Sie sie, den Kindern (alte) Schuhe mitzugeben, die schmutzig werden dürfen. Gummistiefel eignen sich ebenso. Beginnen Sie mit einem Impuls, indem Sie z. B. eine Spur aus Nussschalen in der Kita legen, und fragen Sie die Kinder:

- Wer hat diese Nüsse wohl verloren? War hier der Nikolaus unterwegs?
- Wer oder was hinterlässt sonst noch Spuren?
- Wie können Spuren im Wald, auf der Wiese, im Sandkasten, auf der Straße usw. aussehen und wie sehen Spuren auf dem Tisch, im Badezimmer, auf der Kleidung usw. aus?

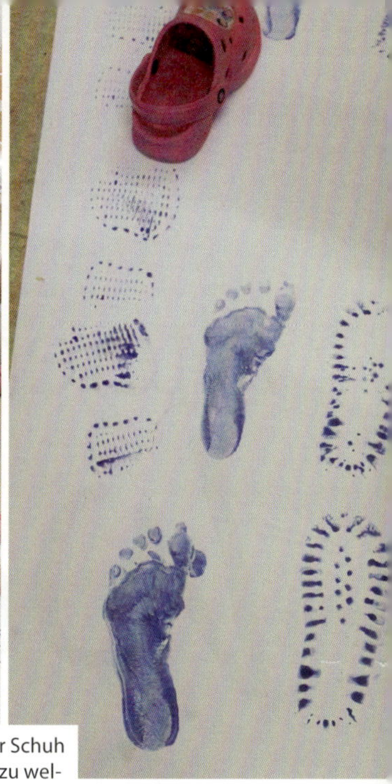

Welcher Schuh gehört zu welchem Muster?

- Habt ihr auch schon einmal Spuren hinterlassen? Wenn ja, wie?
- Wie sehen eure Spuren aus?

## Schuh-Druckwerkstatt

Um das herauszufinden, decken die Kinder den Boden mit alten Zeitungen ab und legen – je nach Raumgröße – mehrere zwei Meter lange Papier- oder Tapetenbahnen nebeneinander. Diese an den Rändern ggf. beschweren. Füllen Sie verschiedene wasserlösliche Farben in die Plastikschalen, sodass der Boden ca. 5 mm bedeckt ist, und stellen Sie diese vor die Papier- oder Tapetenbahnen. Die Kinder steigen zunächst mit den Schuhen in eine Farbschale und laufen anschließend über die Papier- oder Tapetenbahn. Welche Beobachtungen machen sie dabei?

- Wie sehen die Spuren aus? Was ist zu erkennen?
- Wieso sind die Farben am Anfang des Papiers noch kräftig und am Ende eher blass?
- Wie sieht es aus, wenn ihr nur mit der Fußspitze, der Ferse oder auf der Fußaußenseite lauft?
- Wem gehört welcher Fußabdruck?

Am anderen Ende die Schuhe sofort ausziehen und vorsichtig in einer Wanne oder mit Wasser im Waschbecken die Sohle reinigen, sodass der Schuh nicht nass wird. Ggf. eine Bürste zu Hilfe nehmen und am Ende die Schuhe mit Küchenpapier gründlich abtrocknen. Die Kinder können diese Aktion mit verschiedenen Farben wiederholen. Im Anschluss schauen sich alle gemeinsam die bedruckten Papier- oder Tapetenbahnen an:

- Wie sehen die Abdrücke im Vergleich zur Schuhsohle aus?
- Welche Sohlenteile sind abgedruckt, welche nicht?
- Woran liegt das?
- Wer erkennt welchen Schuh auf dem Papier/der Tapete wieder?

Sind alle Tapeten getrocknet, diese am Ende zu einem großen Kunstwerk zusammenkleben.

## Barfuß-Druckwerkstatt

Direkt im Anschluss können die Kinder die Druckaktion barfuß wiederholen. Diese Variante spricht den Fühlsinn besonders an. Fragen Sie die Kinder:

- Wie fühlt sich die Farbe an euren Fußsohlen an?
- Spürt ihr die Tapetenstruktur an euren Füßen?
- Welche Flächen von euren Fußsohlen werden gedruckt und welche nicht? Woran liegt das?
- Wie unterscheiden sich diese Spuren von den Schuhabdrücken?
- Wie unterscheiden sich eure Fußabdrücke untereinander?

Hinweis: Es kann vorkommen, dass nicht alle Kinder ihre Füße in Farbe tauchen möchten. Respektieren Sie diesen Wunsch und bieten Sie diesen Kindern Alternativen an, z. B. nur mit dem Finger einen Abdruck machen oder mit einem anderen Gegenstand Spuren hinterlassen (s. nächste Idee).

## Nikolaussack-Druckwerkstatt

Welche Spuren hinterlassen andere Gegenstände auf dem Papier/der Tapete? Dazu einen Jutesack mit verschiedenen Gegenständen vorbereiten, die sich zum Drucken eignen und leicht reinigen lassen (s. Materialliste). Sind Lebensmittel dabei, nur welche mit Schale nehmen, damit sie auch nachher noch essbar sind. Jedes Kind greift in den Sack und zieht einen Gegenstand heraus. Diesen in die Fingerfarbe tauchen und auf dem Papier/der Tapete abdrücken bzw. darüberrollen. Wer erkennt die Abdrücke später wieder?

## Spieltipp: „Ich sehe einen Druck, den du nicht siehst!"

Jedes Kind wählt einen abgedruckten Gegenstand aus, dessen Negativ die übrigen Kinder auf den Tapeten finden sollen. Beispiel: „Ich sehe einen Druck, den du nicht siehst, und das ist ein Spielzeugauto!" Oder: „Ich sehe einen Druck, den du nicht siehst, und das ist eine Schuhsohle mit einem großen Kreis in der Mitte und vielen Streifen drumherum!" Wer richtig rät, ist als Nächstes an der Reihe.

Michaela Fichtner

# Älterer Herr sucht Aushilfe für Weihnachten

3+

## DREIDIMENSIONALE NIKOLAUSHELFER AUS RECYCLINGMATERIALIEN

Jahr für Jahr ist der Nikolaus unterwegs und besucht Kinder überall auf der Welt – und das **ganz allein**. Die Kinder schaffen Abhilfe und gestalten aus Pappmaschee einen Helfer für den Nikolaus.

Große Ohren und riesige Arme – die Kinder skizzieren ihren Nikolaushelfer

**Materialien:**

- **Staffelei**
- **1 großer Bogen weißes Tonpapier**
- **Buntstifte**
- **ausgedruckte Bilder von Nikolausbegleitern**
- **Recyclingmaterialien wie z. B. ausgespülte Weichspülerflaschen, PET-Flaschen, Joghurtbecher, Eierkartons usw.**
- **Kreppklebeband**
- **Sand**
- **viel Zeitungspapier**
- **1 bis 2 Packungen Kleister**
- **Rührlöffel oder Stock**
- **Acrylfarbe und Pinsel**
- **Eimer, Schälchen**
- **1 Malerkittel für jedes Kind**

## Los geht's:

Erzählen Sie den Kindern einleitend, dass der Nikolaus jahrein, jahraus allein seine Geschenke verteilt und die Kinder besucht. Er braucht dringend einen Helfer und bittet sie, nun für ihn zu überlegen, wer das sein könnte. Die Kinder denken gemeinsam darüber nach und erarbeiten an einer Staffelei eine Skizze für ihren Nikolaushelfer. Fragen Sie die Kinder:

- Wie sieht ein perfekter Helfer für den Nikolaus aus? Ist er ein Mensch, ein Fantasiewesen oder sogar ein Tier?
- Welche Eigenschaften sollte der Helfer haben? Was braucht er? Große Hände z. B., weil er viel tragen muss, oder lange Beine, um mit großen Schritten weite Strecken zu gehen usw.?

Aus Recyclingmaterialien entsteht das Grundgerüst des Helfers

Nun braucht der Helfer eine dicke Haut aus Zeitungspapier und Kleister

- Hat der Helfer vielleicht sogar mehrere Eigenschaften auf einmal? Oder welche, die nicht sichtbar sind?

Im Anschluss bauen die Kinder den Nikolaushelfer mit der Pappmascheetechnik nach.

## Das Skelett: Ein Recyclingkunstwerk

Das Grundgerüst der Pappmascheefigur entsteht am besten aus leeren PET-Flaschen, Joghurtbechern, Plastikbehältern usw. – kurzum aus Gegenständen, die sich im Recyclingmüll finden lassen. Dazu werfen die Kinder über einen Zeitraum von einer Woche den Recyclingmüll nicht weg, sondern sammeln ihn in der Kita. Die Behälter gegebenenfalls reinigen. Die Kinder suchen sich aus dem Recyclingmüll diejenigen Gegenstände, die sie für ihre Figuren brauchen. Diese fixieren sie mit Kreppklebeband aneinander. Um einen guten Stand der Figur zu erhalten, Sand in die Behältnisse geben. Lange Beine können z. B. aus 1,5 l PET-Flaschen entstehen, große Ohren aus Joghurtbechern, ein aufgeblasener Luftballon kann als Kopf dienen und eine mit Papier ausgefüllte Plastiktüte wird zum Geschenkesack.

## Die Haut: Verputzen mit Pappmaschee

Wenn die Grundform des Helfers steht, können die Kinder mit dem Pappmaschee beginnen. Dazu reißen sie Zeitungspapier in ca. 10 x 10 cm große Schnipsel und rühren den Kleister gemäß der Anleitung an. Decken Sie den Fußboden mit alten Zeitungen oder Malerfolie ab. Die Kinder sollten bei diesem Arbeitsschritt Malerkittel tragen. Sie tauchen nun die Zeitungsschnipsel in Kleister und kleben sie an die Skulptur. Mindestens fünf Schichten davon auftragen, um eine stabile Außenhülle zu schaffen. Vor der Fertigstellung können die Kinder mit der flachen, eingekleisterten Hand über die Skulptur streichen, um Unebenheiten auszugleichen.

## Der Teint: Bemalung

Die fertige Skulptur mehrere Tage durchtrocknen lassen. Nach dem Trocknen bemalen die Kinder ihren Pappmascheerohling mit Acrylfarbe. Auch hierbei tragen sie wieder Malerkittel. Welche Farben die Figur erhält, sprechen oder stimmen die Kinder vor dem Malen ab. Danach die Figur wieder trocknen lassen. Zum Schluss können die Kinder der Helferskulptur einen Namen geben, die ihre besonderen Eigenschaften aufgreift, z. B.: Stefan Storchenbein, Elfriede Elefantenhirn, Günther Großhand oder Sieglinde Segelohr.

Etwas Farbe ins Gesicht – die Kinder bemalen den Helfer

## Für alle sichtbar

Nach Fertigstellung der Figur können sie die Kinder in der Kita für Eltern, Großeltern und Besucher sichtbar ausstellen. Den Namen des Nikolaushelfers können sie zudem auf ein Kärtchen schreiben (lassen) und hinzustellen oder -legen. Dies funktioniert sowohl in einem Kita-Raum als auch im Außengelände, da die Acrylfarbe wasserfest ist und sehr gut deckt. **Michaela Fichtner**

Äste und Reisig funktionieren die Kinder zu Riesenpinseln um, ...

... legen auf dem Boden ihre Leinwand aus, ...

# Der Nikolaus fegt farbig

4+

## MIT AST- UND REISIGPINSELN RIESENBILDER MALEN

Bilder mit Pinseln malen kann jeder. Doch riesige Bilder mit lebensgroßen Pinseln malen, können nur Kita-Kinder. Das Material dafür finden sie an **Bäumen** und im **Wald**.

**Materialien:**

- Stöcke, Äste, Reisig, Tannenzweige usw.
- Wolle oder Sisalschnur
- Schere
- Malerfolie, Papier- oder Tapetenrolle
- Kreppklebeband
- Gouache- oder Acrylfarbe
- mehrere Eimer
- Malerkittel
- alte Schuhe für die Kinder

### Los geht's:

Erzählen Sie den Kindern zu Beginn folgende Geschichte:

Der Nikolaus ist ein bisschen zerstreut, weil er so viel zu tun hat. Aus Versehen hat er seinen Besen in einen Eimer Farbe gestellt, mit der er eigentlich seine Wand streichen wollte. Als er eines Tages aufräumen und den Boden kehren möchte, bemerkt er die Farbe nicht, die noch unten am Besen klebt. So malt er, anstatt den Boden sauberzumachen, ein verrücktes Muster auf diesen. Das bringt ihn auf eine gute Idee – wieso nicht einmal einen Besen als Pinsel benutzen?

.. mischen die Far-
ɔen im Eimer ...

... und fegen fleißig über den Boden.

Tannenzweige hinterlassen unregelmäßige Streifen

Reisig und Stöcke ritzen weiße Striche in die Farbe

## Pinselherstellung

An die Geschichte anknüpfend, können Sie diese Idee leicht mit den Kindern umsetzen: Ein Besuch im Wald bringt eine reiche Ernte für die Besenpinsel. Die Kinder sammeln unterschiedlich dicke Stöcke, Äste, Reisighölzer und Tannenzweige, die ungefähr so groß sind wie sie selbst, und nehmen sie mit in die Kita.

Auf einem Tisch alle Materialien ausbreiten und mehrere Äste, Reisighölzer bzw. Tannenzweige mit Wolle oder Sisalschnur zu „Pinseln“ zusammenbinden. Nur die dickeren Stöcke bleiben einzeln.

## Besenmalerei

Die Kinder sollten zum Malen alte Schuhe sowie Malerkittel anziehen. Zunächst den Fußboden mit Folie auslegen. Dann mehrere, ca. 5 m lange Papier- oder Tapetenbahnen abschneiden, darauflegen und die Ränder mit Kreppklebeband fixieren. Zwei bis drei Farben auswählen, jeweils in einen Eimer füllen und ebenfalls bereitstellen. Die Kinder beginnen, mit ihren Riesenpinseln zu malen. Auf den Papierbahnen mischen sich nun die Farben und jeder Besenpinsel hinterlässt eine andere Spur. Je nach Raumgröße und Zahl der Papierbahnen können ein bis drei Kinder gemeinsam an einem Bild malen.

- Wie malen die unterschiedlichen Pinsel? Tannenzweige hinterlassen unregelmäßige Streifen auf dem Papier, Stöcke oder einzelne Äste ritzen Striche in die bereits aufgetragene Farbe und Reisighölzer hinterlassen dünne Linien.
- Welche Effekte ergeben sich daraus?
- Wie ist es, mit so einem großen Pinsel zu malen?

Wenn alle Kinder mit dem Malen fertig sind bzw. wenn alle entschieden haben, dass das Bild fertig ist, die Papierbahnen gut trocknen lassen. Jede mit den entstandenen Farbmustern als Ganzes in der Kita aufhängen oder sie in quadratische Einzelbilder zerschneiden.

**Michaela Fichtner**

# Künstlerwerkstatt

# für Nikolausdarstellungen

4+

**ERPROBEN VON DRUCKTECHNIK, FRESKEN- UND IKONENMALEREI**

Gemälde sind Dokumente **verschiedener Epochen** und Maltechniken. Vor allem von Heiligen, u. a. auch vom Nikolaus, gibt es viele Abbildungen. Die Kinder nehmen verschiedene Nikolausdarstellungen unter die Lupe und ahmen deren Technik nach.

## Inspiration

Der heilige Nikolaus lebte im 4. Jahrhundert und seitdem haben ihn Künstler auf unterschiedliche Art und Weise in Bildern festgehalten. Beispiele hierfür sind:

- **Freskenmalerei:** „Nikolauszyklus“ in der Kölner Kirche St. Maria Lyskirchen aus dem 13. Jahrhundert.
- **Kupferstich:** „Die heiligen Bischöfe Nikolaus, Ulrich und Erasmus“ von Albrecht Dürer, ca. 1505.
- **Ikonenmalerei:** Die russische „Nikolaus“-Ikone von Aleksa Petrov, 1294.

Optimal ist es, den Kindern die Möglichkeit zu bieten, die unterschiedlichen Maltechniken im Original betrachten zu können, da z. B. eine Wand mit einem Fresko anders wirkt als eine Abbildung. Auch wenn sich keine Nikolausabbildungen in Ihrem Ort befinden, so gibt es vielleicht Kirchen oder Museen, die Kupfer- oder Holzstiche, Ikonen oder eine Freskenwand bereithalten. Besuchen Sie mit den Kindern diese Orte. Schauen Sie sich gemeinsam die Kunstwerke an und sprechen Sie darüber oder nehmen Sie an einer Führung teil. Interessante Fragen für die Betrachtung von Gemälden können sein:

- Wie groß ist das Kunstwerk? So groß wie eine Hand? So groß wie ein Kind, zwei Kinder oder vier Kinder?
- Auf welchen Untergrund ist das Bild gemalt? Wer hat eine Idee? Wie fühlt sich dieser Untergrund an? Ist er hart oder weich? Vielleicht dürfen die Kinder das Bild vorsichtig berühren.
- Was seht ihr auf dem Bild? Wie würdet ihr es einem Blinden beschreiben?
- Mit welchen Farben hat der Künstler gemalt? Welche sind nebeneinander? Wie wirken diese Farben auf euch? Kalt oder warm?
- Gibt es etwas auf dem Gemälde, das ihr besonders findet?

Betrachten Sie, zurück in der Kita, mit den Kindern verschiedene Nikolauskunstwerke. Abbildungen finden Sie in den gängigen Internetsuchmaschinen. Fragen Sie die Kinder: Wer ist auf diesem Bild zu sehen? Woran ist die Person zu erkennen? Wie hat der Künstler das Bild erstellt? Wie funktioniert das? Habt ihr so etwas auch schon einmal gemacht?

## Techniken

Schlagen Sie den Kindern vor, diese Maltechniken einmal auszuprobieren und auf diese Weise eigene Nikolausbilder zu malen:

Die Kinder betrachten verschiedene Darstellungen vom Nikolaus

## Freskenmalerei

„Fresco“ ist das italienische Wort für „frisch“. Ein Fresko ist demnach ein Bild, das direkt auf einer frisch verputzten, noch feuchten Wand entsteht. Trocknet der Putz, härtet er aus und die Farbpigmente werden in den Putz eingebunden.

Für die Ikone skizzieren die Kinder einen Nikolaus auf eine Holzplatte, bekleben sie mit Goldfolie, ...

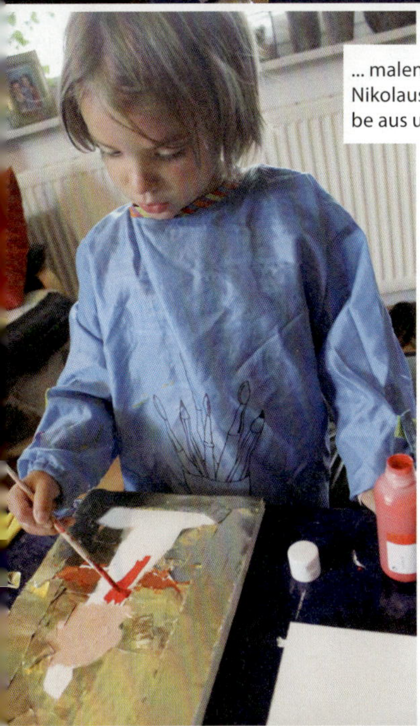

... malen den Nikolaus mit Farbe aus und – ...

... fertig sind die Nikolausikonen!

### Materialien:

- Papier, Buntstifte
- Kalkputz, Wasser, Maurerkellen
- kalkechte Farbe, Pinsel unterschiedlicher Stärke
- evtl. Gipskarton
- Essigreiniger, Bürste

### Los geht's:

Kalkputz und Gipskarton sind im Baumarkt erhältlich. Die Wand, die die Kinder mit Freskenmalerei aufpeppen möchten, vorher mit fettlöslichem Zusatz, wie z. B. Essigreiniger, sowie Wasser und Bürste reinigen. Steht Ihnen keine Wand zum Bemalen zur Verfügung, ist Gipskarton eine gute Alternative. Zunächst malen die Kinder mit Buntstiften auf Papier eine Skizze ihrer Bilder, da der aufgetragene Putz auf der Wand schnell trocknet und sie deswegen rasch mit dem Bemalen beginnen sollten. Den Kalkputz nach Angabe des Herstellers anrühren und mit einer Maurerkelle auf die Wand oder die Gipskartonplatte auftragen. Auf den feuchten Putz malen die Kinder mit dem Pinsel die kalkechte Farbe auf.

## Ikonenmalerei

Ikonen sind Heiligenbilder aus der orthodoxen Kirche. Sie sind immer auf Holzplatten aufgetragen und haben einen einfarbigen, meistens gold- oder silberfarbigen Hintergrund.

### Materialien:

- Bleistifte und schwarze Filzstifte
- 1 Holzplatte (z. B. 30 x 30 cm) für jedes Kind
- Goldfolie oder Silberpapier
- Scheren, Klebstoff
- Acrylfarbe, Pinsel

### Los geht's:

Die Holzplatte ggf. weiß grundieren. Jedes Kind zeichnet seinen Nikolaus zunächst mit Bleistift auf der Holzplatte vor. Als nächstes Gold- oder Silberfolie zurechtschneiden und auf die Holzplatte kleben. Die Bleistiftlinien mit schwarzem Filzstift nachziehen und zum Schluss die Zwischenräume mit Acrylfarbe ausmalen.

## Styropor®stich

Die gängigsten „alten" Drucktechniken sind Hoch- und Tiefdruck. Beim Tiefdruck wie z. B. beim Kupferstich werden alle zu druckenden Bildteile aus einer Kupferplatte ausgeschnitten. So entstehen Furchen, die die Druckfarbe aufnehmen und anschließend auf das Papier übertragen. Beim Hochdruck, z. B. dem Holzschnitt, bleiben im Vergleich dazu die zu druckenden Teile stehen. Eine für Kinder geeignete Druckplattenherstellung funktioniert mit Styropor®.

### Materialien:

- ca. 10 x 10 cm große Styropor®platten
- 1 weißer Fotokarton, ca. 10 x 15 cm für jedes Kind
- Acryl- oder Gouachefarbe, Pinsel
- schwarze Filzstifte
- Bleistifte zum Einritzen
- 1 Gummiwalze

### Los geht's:

Jedes Kind erhält als Druckstock eine ca. 5 cm dicke Styropor®platte. Darauf mit schwarzem Filzstift die Umrisse einer Nikolausfigur zeichnen. Am einfachsten ist für Kinder der Negativdruck, d. h., dass der Nikolaus nachher weiß bleibt und die übrigen Flächen farbig sind. Dazu mit einem Bleistift die Nikolausumrisse nachfahren und so das Styropor® einritzen. Mit dem Pinsel die Farbe auf die erhabenen Flächen auftragen, den Fotokarton darauflegen, mit der Walze mehrmals darüberfahren, das Papier von der Platte lösen und dieses trocknen lassen.

Michaela Fichtner

# Knack die Nuss

3+

## EIN ADVENTSKALENDER MIT NIKOLAUSTHEMA

Unser Nikolaus stapft durch den Winterwald und hilft nebenbei, die **Wartezeit** auf Weihnachten zu verkürzen. Wie das geht, erfahren die Kinder hier und gestalten sich dazu ihren eigenen Kita-Adventskalender.

Ein Wunschnüsschen mit Überraschung für jeden Tag

### Materialien:

- 1 weißes Tuch, ca. 2 x 4 m oder 1 weiße Tapetenrolle
- evtl. Watte
- Tannenzweige, Tannenzapfen
- 24 Walnüsse, 24 kleine Zettel
- wasserfester Stift in Rot oder Gold
- Buntstifte
- 1 Körbchen oder Wäscheleine und Wolle

### Los geht's:

Damit der Adventskalender am 1. Dezember fertig ist, sollten Sie die Aktion in den letzten Novembertagen durchführen. Schaffen Sie im Raum eine gemütliche Atmosphäre, z. B. mit gedämpftem Licht und bei Kerzenschein, und erzählen Sie den Kindern im Sitzkreis folgende Geschichte:

Es dauert zwar noch ein paar Tage bis der Nikolaus zu uns kommt, aber stellt euch vor: Weil er von so weit her kommt, ist er jetzt schon im Wald unterwegs. Vor ein paar Jahren ist ihm auf seinem Weg etwas Lustiges passiert. Damit der Nikolaus früh aus dem Haus gehen konnte, packte er am Vorabend schon alle Geschenke für die Kinder in seinen Sack, stellte diesen neben die Haustür und ging schlafen. Während er schnarchend auf dem Bett lag, kam eine

Maus ins Zimmer gehuscht. Als sie den schweren Sack neben der Tür stehen sah, wurde sie neugierig und wollte wissen, was der Nikolaus alles eingepackt hatte. Also nagte sie so lange an dem Stoff herum, bis sie ein kleines Loch hineingebissen hatte. Im Sack fand die kleine Maus aber nichts Brauchbares – nur Apfelsinen kullerten darin herum und die waren viel zu groß für sie. Außerdem waren noch viele Walnüsse darin. Aber die waren so hart, dass die kleine Maus sie nicht aufbeißen konnte. Also zog sie sich enttäuscht in ihr Mauseloch zurück. Am nächsten Morgen war der Nikolaus noch sehr verschlafen und bemerkte nichts von dem Loch im Sack. Er frühstückte, wusch sich das Gesicht und putze sich die Zähne. Dann zog er seinen Bischofsmantel an und setzte sich die Mitra auf. Als Letztes nahm er den Bischofsstab in die eine Hand und warf sich mit der anderen den schweren Sack über die Schulter und verließ das Haus. Während er durch den Wald stapfte, bemerkte er nicht, wie in regelmäßigen Abständen Walnüsse aus dem Loch im Sack fielen, das die kleine Maus hineingebissen hatte. Der Nikolaus wunderte sich nur, dass ihm der Sack immer leichter vorkam, und dabei zog er eine Spur aus Nüssen hinter sich her! Als er die ersten Kinder traf, öffnete er seinen Sack, damit er ihnen etwas schenken konnte, und da staunte er nicht schlecht, als nur noch Apfelsinen darin lagen. Alle 24 Nüsse waren verschwunden und das ärgerte den Nikolaus sehr – waren es doch Zaubernüsse, von denen jede einem Kind einen Wunsch erfüllen konnte!

Sprechen Sie im Anschluss mit den Kindern über die Geschichte: Wo könnte der Nikolaus die Walnüsse verloren haben? Wie sieht diese Nussspur wohl aus? Weisen Sie die Kinder darauf hin, dass der Nikolaus ausgerechnet 24 Zaubernüsse verloren hat – genauso viele, wie ein Adventskalender Tage hat. Schlagen Sie vor, gemeinsam die Nussspur des Nikolauses in der Kita nachzulegen und daraus einen eigenen Kita-Adventskalender zu machen. Reservieren Sie dafür z. B. eine Ecke im Raum, einen Platz auf einem Tisch oder auf einem großen Fensterbrett.

Die Kinder überlegen gemeinsam, welche Materialien sie für den Adventskalender benötigen und suchen sich diese zusammen. Ein weißes Tuch oder eine weiße Papierbahn können als schneebedeckter Waldboden fungieren und Watte als Schneeflocken. Vielleicht liegen noch ein paar Tannenzweige oder -zapfen herum. Schließlich benötigen die Kinder noch 24 Walnüsse. Diese mit einem wasserfesten Stift in Rot oder Gold durchnummerieren und auf dem weißen Untergrund verstreuen.

## Wünsche für die Zaubernüsse

Welche Wünsche könnten die Walnüsse den Kindern erfüllen? Um Ideen für jeden Kalendertag zu bekommen, sprechen Sie mit jedem Kind einzeln und knüpfen Sie dabei an die Fähigkeiten der Kinder an:

- Was kannst du gut?
- Was machst du besonders gern?
- Wo spielst du am liebsten?
- Über was freust du dich?

Schreiben Sie die Antworten der Kinder auf Zettel und überlegen Sie gemeinsam anhand dieser Wünsche kleine Überraschungen für den Adventskalender, z. B.:

- Finn ist einen Tag lang Bestimmer in der Bauecke.
- Franzi wählt sich eine Geschichte oder ein Bilderbuch aus.
- Nils wählt an einem Tag das Mittagessen aus.
- Ronja überlegt sich Spiele für den Morgenkreis.
- Sebastian singt allen ein Lied seiner Wahl vor und kann sich dazu eine Band zusammenstellen, die ihn mit Instrumenten begleitet.

Nummerieren Sie die Wunschzettelchen von 1-24. Danach diese in einen kleinen Korb legen oder mit Wolle an einer Wäscheleine im Raum aufhängen. Nun zieht an jedem Dezembertag, entsprechend dem jeweiligen Datum, ein Kind eine Wunschwalnuss und sucht das dazugehörige Zettelchen. Lesen Sie den Wunschzettel vor. Das betreffende Kind kann an diesem Tag seinen Wunsch einlösen. So nimmt sich am 4. Dezember z. B. Luzie die Nuss mit der „4“ und sucht das dazu passende Zettelchen mit derselben Zahl. Durch die Wochenenden kann es vorkommen, dass montags drei Kinder eine Nuss ziehen. Die Nüsse können die Kinder als Erinnerung mit nach Hause nehmen.

**Tipp:**
Die Zettelchen direkt in den Walnüssen verstecken. Dazu die Nüsse knacken, in jede ein Zettelchen legen und die Nuss mit der Heißklebepistole wieder verschließen (macht nur die Erzieherin!). Nun gilt es, die Nüsse zu knacken, um an die Zettel zu gelangen.

Michaela Fichtner

# Aus dem Sack gepackt

3+

**AUS WEIHNACHTLICHEM ALLERLEI EIN RIESENBILD LEGEN**

Der Nikolaus trägt einen Sack voller Leckereien und Geschenke mit sich. Die Kinder erraten blind, was sich im Sack befindet und legen diese Mitbringsel zu einem Bodenbild im Stile **Arcimboldos** zusammen.

**Materialien:**

- **1 Abbildung eines Gemäldes von Giuseppe Arcimboldo**
- **1 Jutesack mit Lebensmitteln wie z. B. Mandarinen, Apfelsinen, Bananen, Äpfeln, Erdnüssen, Walnüssen, Plätzchen, Dominosteinen, Lebkuchen usw.**
- **1 großes Tuch**
- **Digitalkamera und Drucker**

## Los geht's:

Bereiten Sie vorab den Nikolaussack vor: Damit die Kinder viele unterschiedliche Materialien zum Legen ihres Riesenbildes haben, sollten Sie den Sack mit vielen verschiedenen Lebensmitteln (s. Materialliste) befüllen. Bringen Sie den Nikolaussack mit in den Sitzkreis und erklären Sie, dass Sie diesen Sack vor der Kita-Tür gefunden haben oder lassen Sie ein Kind den Sack „zufällig" vor der Tür finden.

- Von wem könnte dieser Sack sein?
- Hat euch der Nikolaus auch schon einmal etwas aus seinem Jutesack geschenkt?
- Was könnte alles in diesem Sack sein?

Reihum greift nun jedes Kind in den Sack, fasst eins der Lebensmittel und versucht zu erraten, was es in der Hand hält. Regen Sie die Kinder an, auf Ecken, Kanten, Beschaffenheiten usw. zu achten. Liegt ein Kind mit seiner Vermutung richtig, holt es das Obst o. Ä. aus dem Sack, legt dieses auf das Tuch und das nächste Kind ist an der Reihe. So geht es weiter, bis nichts mehr im Sack ist. Was nun mit all den Dingen anstellen? Zeigen Sie den Kindern in einem nächsten Schritt ein Gemälde Giuseppe Arcimboldos. Ein solches finden sie leicht über gängige Internetsuchmaschinen. Arcimboldo malte Porträts von Menschen, die sich aus vielen einzelnen Gegenständen, wie z. B. Obst, zusammensetzen. Fragen Sie die Kinder:

- Was fällt euch an diesem Bild auf?
- Was ist darauf zu erkennen?
- Woraus bestehen die Augen, die Nase, die Haare usw.?

Schlagen Sie vor, Arcimboldos Idee aufzugreifen und die Sachen, die die Kinder aus dem Sack gezogen haben, zu einer riesigen Nikolausfigur auf dem Boden zusammenzulegen. Die Kinder breiten hierfür das Tuch auf dem Boden aus. Wie sie die Nikolausfigur gestalten, entscheiden die Kinder alleine. Wichtig ist, dass sie nur die Dinge aus dem Sack verwenden und keine anderen mehr hinzuholen. Ganz am Ende fotografiert ein Kind das fertige Riesenbild von oben, indem es z. B. auf eine Leiter steigt. Danach lösen die Kinder das Bild gemeinsam wieder auf. Die verwendeten Lebensmittel können Sie in einer anschließenden Nikolausfeier gemeinsam verspeisen.

Michaela Fichtner

Die Kinder legen wie Arcimboldo aus Lebensmitteln einen Nikolaus

# Alte Nikolausspiele neu entdeckt

## Nikolaus, wach auf!

**Materialien:**

- Glocke

**Los geht's:**

Alle Kinder sitzen im Kreis. Ein Kind ist der Nikolaus. Es legt sich schlafend in die Kreismitte. Neben seinem Kopf steht eine Glocke. Die übrigen Kinder wählen stumm eines aus, das sich so leise wie möglich in die Kreismitte schleicht und dem Nikolaus die Glocke wegnimmt. „Erwischt" der Nikolaus das Kind dabei, weil er es kommen hört, wird dieses Kind zum Nikolaus. Kann das Kind wieder unbemerkt an seinen Platz zurückkehren, versteckt es die Glocke hinter seinem Rücken und alle rufen „Nikolaus, wach auf, deine Glocke ist weg!" Der Nikolaus fragt nun nacheinander drei Kinder: „Hast du meine Glocke?" Ist der Räuber dabei, wird dieser zum Nikolaus. Findet der Nikolaus den Räuber nicht, geht er wieder in die Mitte.

## Nikolausstabwurf

**Materialien:**

- 1 Stock für jedes Kind
- Seile
- verschiedene Aufkleber

**Los geht's:**

Das Spiel entweder in einem Bewegungsraum mit hohen Decken oder im Freien durchführen. Jedes Kind wählt einen Stock, der ungefähr seiner Größe entspricht und markiert ihn mit einem Aufkleber. Aus einem oder mehreren Seilen legen nun alle gemeinsam einen Kreis mit einem Durchmesser von 1 m am Boden. Jeweils ein Kind stellt sich mit dem Rücken in 5 m Entfernung vom Kreis auf und wirft seinen Stock über die Schulter. Die anderen Kinder halten einen Sicherheitsabstand. So wirft jeder reihum. Die Stöcke bleiben liegen. Welches Kind hat den Kreis am besten getroffen?

## Niklaussack

**Materialien:**

- kleiner Sack

**Los geht's:**

Alle Kinder stellen sich im Kreis mit dem Rücken nach außen auf. Ein Kind ist der Nikolaus. Es trägt einen Sack in der Hand und bleibt außerhalb des Kreises. Mit dem Sack in der Hand wandert es um den Kreis herum. Die anderen Kinder singen dabei: „Dreht euch nicht um, der Nik'laussack geht um. Wer sich umdreht oder lacht, kriegt den Buckel schwarz gemacht …" Irgendwann lässt der „Nikolaus" den Sack hinter einem Kind auf den Boden fallen. Bemerkt das Kind den Sack, läuft es so schnell wie möglich hinter dem Nikolaus her. Dieser versucht, die frei gewordene Stelle zu erreichen. Schafft er es oder kann er eine weitere Runde um den Kreis laufen, ohne dass das Kind den Sack hinter sich bemerkt, heißt es für das Kind: „1, 2, 3, ins faule Ei". Es stellt sich in die Kreismitte und bleibt dort so lange, bis das nächste Kind „ins faule Ei" kommt. Fängt das Kind den Nikolaus aber vorher, so geht dieser in die Kreismitte und das Kind spielt den Nikolaus.

## Mitra-Rallye

**Materialien:**

- Mütze oder Hut
- CD-Player mit Musik

**Los geht's:**

Alle Kinder sitzen im Kreis; im Hintergrund läuft Musik. Die Nikolausmütze wandert reihum, indem sich jedes Kind die Mütze für einen kurzen Moment aufsetzt und so schnell wie möglich an seinen Nachbarn weiterreicht. Stoppen Sie in einem willkürlichen Moment die Musik. Dasjenige Kind, das zu diesem Zeitpunkt die Nikolausmütze auf dem Kopf hat, scheidet aus. Danach geht das Spiel von vorne los. Red.

# Schatten erzählen Geschichten

3+

## SPIELEND IN DAS LEBEN DES NIKOLAUS EINTAUCHEN

„Das Kornwunder", „Die drei armen Mädchen" oder „Die Seenot" – viele **Legenden** erinnern an den Nikolaus. Passend zur dunklen Jahreszeit können die Kinder solche als Schattenspiel inszenieren.

Ein Storyboard entsteht: Mit Kreide malen die Kinder die Szenen auf schwarzes Tonpapier

Am Beispiel der Nikolauslegende „Die Seenot" zeigen wir Ihnen zwei Varianten, wie Kinder diese Geschichte mit ihren eigenen Ideen als Schattenspiel umsetzen können. Einmal mit dem Körper und einmal mit dem Overheadprojektor. Wichtig bei beiden Umsetzungsmöglichkeiten ist es, die Kinder ausprobieren und experimentieren zu lassen, die Wirkung ihres Körpers oder auch von Material und Gegenständen zu erproben. Schaffen Sie zunächst eine gemütliche Atmosphäre im Raum und lesen Sie den Kindern die Nikolauslegende vor bzw. erzählen Sie sie frei:

### Die Seenot

Ein Segelschiff fuhr über das Meer. Die Seemänner freuten sich darauf, bald wieder zu Hause zu sein. Nicht mehr lange, dann würden sie den Hafen ansteuern. Doch es zogen mehr und mehr Wolken am Himmel zusammen. Dann frischte Wind auf. Er wurde immer stärker und heftiger, die Wellen tobten. Starke Böen zerrissen schließlich das Segel. Der Sturm brachte das Schiff zum Schaukeln, Wasser schwappte hinein. Schließlich brach der Mast – das Ruder war kaum mehr zu halten und das Schiff drohte zu kentern. Die Matrosen bekamen Angst um ihr Leben und riefen in ihrer Not um Hilfe.

Plötzlich stand ein Fremder am Ruder. Trotz hoher Wellen gelang es ihm, das Schiff sicher durch den Sturm zu lenken. Schließlich ließ der Sturm nach und dank der Hilfe ihres Retters erreichten die Matrosen den Hafen von Myra. Als sie dem Fremden danken wollten, war er genauso schnell verschwunden, wie er gekommen war. Die Matrosen gingen in Myra in die Kirche, um dort Gott für ihre Rettung zu danken. Dort feierte Bischof Nikolaus gerade einen Gottesdienst. Die Matrosen staunten nicht schlecht: Es war derselbe Mann, der ihnen aus der Seenot geholfen hatte.

## Das Storyboard

### Materialien:

- schwarzes Tonpapier
- weiße Kreide

### Los geht's:

Zunächst erstellen die Kinder ein „Storyboard", um sich die einzelnen Szenen für ihr Schattenspiel zu überlegen. Lesen Sie hierfür ggf. die Geschichte nochmals vor. Welche Szenen könnten die Kinder später darstellen? Ein paar Beispiele für Szenenbilder:
1. das Meer, 2. das Schiff, die Sonne, 3. ein paar Wolken, 4. viele Wolken, 5. der Sturm, 6. die Wellen schwappen ins Boot, 7. das Segel reißt, der Mast bricht, 8. die Matrosen rufen um Hilfe, Nikolaus übernimmt das Ruder, 9. der Sturm lässt nach, 10. der Hafen, 11. die Kirche.
Die gewählten Szenenbilder zeichnen die Kinder als Storyboard mit weißer Kreide auf schwarzes Tonpapier.

## Schattenspiel mit dem Körper

Hierbei können die Kinder in andere Rollen schlüpfen sowie mit ihrem Körper und ihren Ausdrucksmöglichkeiten spielen – ohne direkt vor dem Publikum zu stehen.

### Materialien:

- 1 weißes, gespanntes Laken
- 1 Lichtquelle, z. B. einen Strahler
- 1 Raum, den sie abdunkeln können
- Zeitungspapier, Scheren und Klebstoff
- evtl. Musik, Geräuschequellen
- Videokamera oder Digitalkamera mit Aufnahmefunktion

### Los geht's:

Das Laken von hinten mit der Lichtquelle anstrahlen. Das Schattenspiel findet zwischen Licht und Laken statt. Zunächst können sich die Kinder frei ausprobieren und testen, welche Bewegungen welche Schatten ergeben. In einem nächsten Schritt überlegen sie, wie sie die Geschichte bzw. die Einzelszenen aus dem Storyboard darstellen können. Die Darstellung der einzelnen Szenen proben die Kinder direkt hinter der Leinwand. Stellen Sie als einziges Material Zeitungspapier zur Verfügung. Daraus können zusätzliche Hilfsmittel entstehen, die die Kinder zur Darstellung benötigen. Ist bei allen Szenen klar, wer sie wie darstellt, proben die Kinder am Stück. Hier ein paar Umsetzungsvorschläge:

- **Das Meer:** Die Kinder fassen sich an den Händen und bewegen die Arme wellenartig.
- **Das Schiff:** Aus Zeitungspapier eine einfache Schiffsilhouette mit Mast und Segel herstellen. Die Kinder spielen die Matrosen auf dem Schiff und halten es vor sich
- **Der Sturm:** Das Schiff fährt schwankend von der einen zur anderen Seite usw.

Musik und Geräusche, wie z. B. Pusten oder lautes Ausatmen für Wind, verstärken den Effekt. Ein Kind kann die Rolle des Erzählers übernehmen und die Darstellung sprachlich begleiten. Filmen Sie das Schattenspiel, sodass es sich alle Mitspieler gemeinsam anschauen können.

## Schattenspiel auf dem Tageslichtprojektor

### Materialien:

- 1 Tageslichtprojektor
- Folien in unterschiedlichen Farben, Muggelsteine, durchsichtige Plastikchips, gebogener Draht, Schnüre, Bänder, Spitzen und (Gardinen-) Stoffe, Perlen, Strohhalme, Kartonstücke, Obstnetze, Filmstreifen usw.
- Scheren, evtl. durchsichtige Klebestreifen

### Los geht's:

Auf dem Overheadprojektor haben die Kinder die Möglichkeit, ein Schattenspiel mit verschiedenen Materialien zu inszenieren. Zunächst können die Kinder die Materialien einzeln ausprobieren und ihre Wirkung an der Wand testen. Dies regt die Wahrnehmung und die Fantasie der Kinder an. Sie inspirieren sich gegenseitig und beginnen, zu assoziieren. Sicher hören Sie dabei Kommentare wie z. B.: „Das sieht aus wie …". Die Kinder finden sehr schnell heraus, welches Material gut und welches weniger gut geeignet ist, um etwas darzustellen. Wie lassen sich die einzelnen Szenen aus dem Storyboard mit den vorhandenen Materialien nachspielen? Auch hier sollte es einen Erzähler sowie eine passende Untermalung mit Geräuschen geben.

Anke Agius-Gilibert

Das Schattenspiel mit dem Tageslichtprojektor erzeugt erstaunliche Effekte

Das Schattenspiel mit dem Körper: Was ist vor dem Leintuch zu sehen?

# Die Maus vom Nikolaus 4+

## EINE KLANGGESCHICHTE SELBST VERTONEN

Wenn der Winter naht, beginnt der Nikolaus, die Geschenke für die Kinder zusammenzupacken. Zum Glück hat er einen besonders starken Helfer dabei. Ausgehend von dieser Geschichte, erproben die Kinder verschiedene **Rhythmusinstrumente** und erstellen eine eigene **Partitur**.

### Materialien:

- **Rhythmusinstrumente, z. B. Bassxylophon, Glockenspiel, Handtrommel, große Trommel, Donnertrommel, Regenmacher, Fingerzimbeln, Triangeln, Klanghölzer, Glöckchen, Windchimes oder Becken**
- **Zeitungen**
- **ca. 20 Teppichfliesen, Tücher oder DIN-A4-Papiere**
- **Buntstifte**

### Los geht's:

Je nach Erfahrung und Alter der Kinder empfiehlt es sich, schon im Vorfeld Instrumente für die Vertonung auszuwählen (s. Materialliste). Legen Sie diese, bevor die Aktion beginnt, im Raum bereit. Die angegebenen Instrumente sind Vorschläge. Genauso kann auch nur eine kleinere Auswahl zum Einsatz kommen. Alltagsgegenstände bzw. die Stimme und der eigene Körper sind weitere mögliche „Instrumente" zur Vertonung der Geschichte. Geben Sie den Kindern zunächst Raum zum Ausprobieren der Instrumente, damit sie ein Gespür für ihren Klang bekommen. Lesen Sie die Geschichte dann einmal vor und sprechen Sie anschließend gemeinsam über den Inhalt:

- Welche Figuren kommen in der Geschichte vor? Was machen sie?
- Wie könnten die Figuren klingen? Welche Geräusche kommen vor?
- Wie könntet ihr diese mit den Instrumenten umsetzen?

Beim nochmaligen Vorlesen können die Kinder Vorschläge zur Vertonung machen. Lesen Sie jeden Satz der Geschichte einzeln vor. Die Kinder benennen ihre Vertonungsideen und probieren diese mit den vorhandenen Instrumenten gemeinsam aus. Besprechen Sie mit den Kindern, ob die Klänge wirklich passen und geben Sie ggf. Anregungen zur Spieltechnik sowie zur Länge und Lautstärke: Wie klingt z. B. ein „lauter Herbststurm" im Vergleich zu „leisen Schneeflocken"? Ist ein Instrument für einen Teil der Geschichte gefunden, legen die Kinder dieses auf einer Teppichfliese oder einem Tuch ab bzw. zeichnen es auf ein Blatt Papier. Am Ende entsteht so eine lange Reihe von Instrumenten, die den Kindern als Gedächtnisstütze bzw. als „Partitur" dient.

Finden sich Instrumente für den Nikolaus und die Maus, die immer wieder auftauchen? Diese können abseits der „Partitur" liegen und von je einem Kind gespielt werden, sobald die Begriffe „Nikolaus" und „Maus" in der Geschichte fallen. Für die klangliche Umsetzung der beiden Figuren empfehlen sich zwei unterschiedliche Stabspiele. Bassxylophon und Glockenspiel z. B. lassen zum einen die Gegensätze deutlich hervortreten und bieten zum anderen viele Spielweisen an. Erklingt das Glockenspiel, ist sofort klar, dass die Maus gemeint ist. Je nachdem, was sie gerade tut, können die Kinder das Tempo, die Lautstärke usw. variieren.

Die Kinder spielen zum Abschluss die Geschichte am Stück durch. Dazu überlegt sich jedes Kind, welchen Teil der Partitur es übernehmen möchte und stellt sich vor den betreffenden Instrumenten auf. Zwei Kinder können die Umsetzung von Nikolaus und Maus übernehmen. Wiederholen Sie dies ggf. mehrmals, bis sich alle Kinder sicher fühlen und alles gut aufeinander abgestimmt ist. Zur Anregung finden Sie hier Vertonungsvorschläge:

| Geschichte | Vertonungsvorschläge |
|---|---|
| Jedes Kind, egal ob groß, ob klein, kennt den guten, alten Nikolaus! | tiefe und schwere Bassxylophontöne |
| Doch die wenigsten von euch wissen wahrscheinlich, dass er eine kleine Helferin hat: die Nikolausmaus! | schnelle, helle Glockenspieltöne |
| Während draußen die Herbststürme toben, ... | über das Fell der Handtrommel reiben, evtl. durch Regenmacher und Donnertrommel ergänzen |
| ... schlummern Nikolaus und Nikolausmaus gemütlich in ihrem Bett. | einzelne, langsame Töne auf Bassxylophon und Glockenspiel |
| Doch sobald die ersten Schneeflocken fallen, ... | sanfte Töne auf Fingerzimbeln und Triangeln |
| ... wacht die kleine Maus auf und weckt den guten, alten Nikolaus. | erst wuselige Glockenspieltöne, dann müde Bassxylophontöne |
| Nun wird es für die beiden höchste Zeit, sich an die Arbeit zu machen: Die Maus liest die vielen Briefe mit Kinderwünschen vor, ... | hohe Glockenspieltöne |
| ... der Nikolaus schreibt sich eine lange Einkaufsliste. | Bassxylophon |
| Später verpackt er jedes Geschenk in buntes Papier. | Bassxylophon, dazu Zeitungsrascheln |
| Die Maus knotet mit ihren Pfötchen die Schleifen dran. | hohe Glockenspieltöne |
| In der Nacht zum Nikolaustag stapeln die beiden alle Geschenke auf den Schlitten, ... | Tonleiter auf dem Bassxylophon beginnen und auf dem Glockenspiel weiterführen |
| ... spannen das Rentier ein und brausen los. | Trabrhythmus mit den Klanghölzern |
| Und bald hält der Schlitten vor dem ersten Haus. | Glöckchen und Klanghölzer werden langsamer und halten an |
| Der Nikolaus steigt aus und stapft mit seinem schweren Sack zur Eingangstür. | Bassxylophon, dazu langsam dumpfe Töne auf einer großen Trommel |
| Das Mäuschen trippelt hinterher und zeigt dem Nikolaus, wo die Kinderschuhe bereits auf die Geschenke warten. | schnelle Glockenspieltöne, evtl. ergänzt durch Klänge der Rührtrommel |
| Manchmal klopft der Nikolaus auch mit seinem großen Stab an die Türe ... | lautes Klopfen mit Klanghölzern auf den Boden |
| ... und übergibt die Geschenke höchstpersönlich. | verschiedene Rasseln |
| Während der Nikolaus im Laufe der Nacht immer müder wird, sortiert die Maus immer eifriger die Geschenke, lenkt den Schlitten und hilft dem Nikolaus, die Geschenke an die richtigen Orte zu bringen. | abwechselnd langsamer werdende Töne auf dem Bassxylophon und schnelle Töne auf dem Glockenspiel |
| Gerade als sie das letzte Päckchen abgeliefert haben, wird es hell. | Glissando auf den Windchimes oder ein sanfter Beckenschlag |
| Der Nikolaus und seine Maus fahren müde, aber zufrieden nach Hause. Sie kuscheln sich ins warme Bett und ruhen sich aus bis zum nächsten Jahr. | Bassxylophon wird langsamer und verstummt, danach ebenso das Glockenspiel |

Thomas Arnold

# Do-it-yourself

# Nikolaushörspiel

4+

## EINE GESCHICHTE ERFINDEN UND AUFNEHMEN

Wie klingt eine bärtige Person mit auffälliger Kleidung und verdächtigem Verhalten? Die Kinder kommen den klanglichen Umsetzungsmöglichkeiten einer Geschichte mithilfe von **Mikrofonen** unkonventionell auf die Schliche.

**Materialien:**

- Papier und Buntstifte
- Kassettenrekorder, Diktiergerät oder digitales Aufnahmegerät
- Computer oder Laptop
- Software „Audacity" (zum kostenlosen Download unter http://audacity.de)
- ggf. Rhythmusinstrumente
- weißer Tonkarton
- Bunt- oder Wachsmalstifte

### Los geht's:

Bitten Sie die Kinder zu Beginn der Aktion, ein Bild vom Nikolaus zu malen. Wie sieht er aus? Hat er einen Bart bzw. weiße oder braune Haare? Welche Kleidung trägt er? Einen Umhang, Stiefel, einen spitzen Hut? Was hat er alles dabei? Einen Sack, ein Buch, einen Schlitten? Schlagen Sie den Kindern vor, selbst ein Hörspiel zum Thema „Nikolaus" aufzunehmen. Dazu gehört nicht nur das Nacherzählen oder -spielen einer Geschichte, sondern auch die Geräusche, die den gesprochenen Text untermalen.

Die Kinder zeichnen ihre Geschichte im Storyoard.

Die Kinder nehmen Geräusche auf: Stiefelschritte, ...

... Windrauschen und ...

## Testlauf mit dem Tonaufnahmegerät

Wichtigstes Werkzeug zur eigenen Hörspielerstellung ist ein tragbares Aufnahmegerät. Dies können Kassettenrekorder mit Aufnahmefunktion oder Diktiergeräte sein. Hochwertigere Aufnahmen liefern digitale Aufnahmegeräte. Diese bieten den Vorteil, dass die Kinder die Klänge mit der entsprechenden Software (z. B. „Audacity") anschließend am Computer bearbeiten und zusammenschneiden können. Zunächst probieren die Kinder das technische Equipment gemeinsam aus. Dies kann in Form von kurzen Interviews erfolgen oder indem sie Umgebungsgeräusche aufnehmen und direkt anhören. Hierbei machen Sie und die Kinder Erfahrungen, was bei der Aufnahme zu beachten ist, wie z. B. Nebengeräusche zu vermeiden, den richtigen Mikrofonabstand einzuhalten usw.

## Wie klingt der Nikolaus?

Zunächst versuchen die Kinder herauszufinden, mit welchen Geräuschen sie den Nikolaus „vertonen" können. Welche „Teile" des Nikolaus' können sie mit Instrumenten, Gegenständen oder auch dem eigenen Körper klanglich nachahmen? Hier ein paar Vorschläge:

- Stiefel: große Trommel mit dem Daumen spielen, Schritte auf dem Boden oder mit der Hand in ein Kissen schlagen
- Bart: Rassel leise spielen, dünnes Papier zerknüllen
- Mantel: auf einer Trommel reiben, über Stoff streichen
- Rentier: Klanghölzer im Galopprhythmus spielen, mit Kochlöffeln klappern

Je nach Alter und Vorerfahrung der Kinder können sie kleine Gruppen bilden und selbst ihre Klangentdeckungen aufnehmen. Daran kann eine Raterunde anknüpfen, in der die Kinder ihre Aufnahmen vorspielen und die anderen zu erraten versuchen, was genau dort zu hören ist.

## Das Nikolaushörspiel

Bevor die Kinder ein Hörspiel aufnehmen können, gilt es, sich selbst eine kurze Nikolausszene oder -geschichte auszudenken, um die es im Hörspiel gehen soll. Möglich ist z. B. eine kurze Detektivgeschichte: Wer schleicht im Dezember nachts ums Haus und hinterlässt Spuren? Optional könnten die Kinder auch eine Nikolausbilderbuchgeschichte klanglich umsetzen. Die Kinder erstellen für ihr Hörspiel ein „Storyboard". D. h. sie überlegen sich maximal sechs Szenen für ihre Geschichte und malen diese auf weißen Tonkarton. Folgende Fragen können hilfreich sein: Welche Figuren kommen in der Geschichte vor? Was erleben sie? Hat die Geschichte einen Höhepunkt? Was passiert da? Wie endet die Geschichte? Bevor die Aufnahmen beginnen, überlegen die Kinder gemeinsam, wer welchen „Part" übernehmen möchte. Erzählen die Kinder nur oder gibt es auch einen oder mehrere Hauptdarsteller, die in die Rolle von Nikolaus und Co. schlüpfen? Jedes Kind übt seinen Erzählpart zunächst laut. Fühlt es sich sicher, geht es ans Aufnehmen. Die so entstandenen Audiosequenzen können die Kinder im Anschluss mithilfe der Software „Audacity" zusammenschneiden. Zusätzlich können sie noch die vorher gesammelten Töne und Geräusche zur Untermalung einfügen. Z. B. wenn es heißt „Der Nikolaus stapfte mit seinen Stiefeln durch den Schnee", können die Kinder die Aufnahmen von der großen Trommel ergänzen. Am Ende können Sie für alle Beteiligten das Hörspiel auf CD brennen.

Thomas Arnold

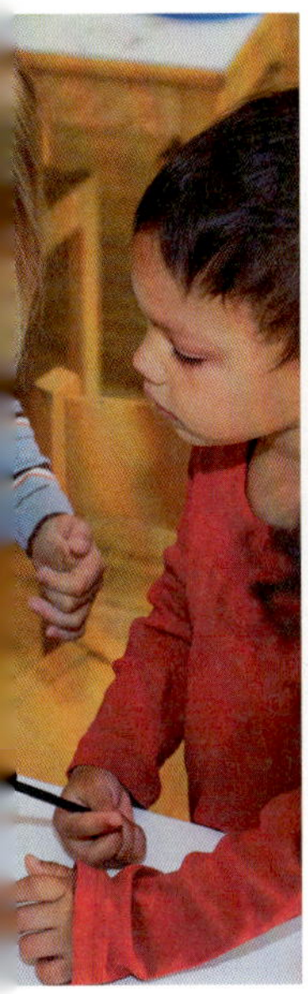

... Beladen eines Schlittens.

Am Ende entsteht am Computer das Nikolaushörspiel.

Wie der Nikolaus einen Freudentanz durch den Schnee machen,

3+

# Tanz den Nikolaus!

## EINFACHE BEWEGUNGSIMPULSE MIT WEIHNACHTLICHEM THEMA

Kinder haben einen natürlichen Bewegungsdrang. Diese Nikolaustanzeinheit hilft ihnen, Freude am **körperlichen Ausdruck** zu Musik und Rhythmus zu entwickeln. Die Kinder entdecken, dass sie mit ihrem Körper erzählen und gestalten können.

### Materialien:

- **CD-Player mit Musik, z. B. Lied 4 des „Chocolat" Soundtracks zur Einstimmung und Lied 3 aus „Djingalla. Die Vierte" von Ensemble Rossi zur Bewegungsentwicklung bzw. Improvisation**

### Los geht's:

Die folgende Bewegungseinheit ist mit Nikolausgeschichten verknüpft und führt Kinder durch ein vielfältiges Spektrum an Bewegungen. Die drei Bausteine der Bewegungseinheit bauen aufeinander auf. Neben vorgegebenen Übungen haben die Kinder in spielerischen Improvisationen genug Raum und Freiheit, ihre eigenen körperlichen Ausdrucksformen zu entfalten und kreativ auszuleben.

Sie können die einzelnen Bausteine als komplette Einheit (ca. 30 Minuten) durchführen oder einzeln in den Tagesablauf, z. B. im Morgenkreis, integrieren. Es empfiehlt sich eine maximale Gruppengröße von 10-12 Kindern, die Sie z. B. je nach Alter in zwei Gruppen einteilen können. Verpacken Sie fordernde Körperübungen in kleine Geschichten oder Gedichte. So rückt die Anstrengung in den Hintergrund und die Aufmerksamkeit der Kinder hält länger an.

### Einstimmung und Aufwärmen

**Ausgangsposition:** Die Kinder stehen im Kreis.
**Geschichte:** Der Nikolaus ist gerade aufgestanden und noch ganz verschlafen. (Gähnen und sich strecken.)
Nun muss er seine Glieder aufwecken und wachklopfen. (Auf die Füße, Waden, Knie, Oberschenkel, Po, Bauch,

Rücken, Schultern, Arme, Hände, Wangen, Ohren und Kopf klopfen sowie Grimassen schneiden und mit den Augen blinzeln.)
Jetzt überlegen wir gemeinsam, wie sich der Nikolaus bewegt, wenn er einen schweren Sack voll mit Geschenken trägt. (Einen imaginären, schweren Sack tragen, sich rund machen und mit schweren, langsamen Schritten vorwärts in die Kreismitte und rückwärts wieder zurücklaufen.)
Als Nächstes macht der Nikolaus einen Schneespaziergang und kickt mit den Füßen den Schnee in die Luft. (Durch den Raum hopsen und mit den Füßen „Schnee" in die Luft kicken.)
Jetzt ist der Nikolaus richtig wach und tanzt munter einen Freudentanz durch den Schnee. (Frei durch den Raum tanzen.)

... mit Schwung den Sack schultern und ...

... sich von einer Schneedecke befreien.

## Tänzerische Übungen

Dieser Baustein beinhaltet Übungen, die kräftigen, dehnen, Koordination und Balance schulen.

| Gedicht | Bewegung |
|---|---|
| Der Nikolaus, der Nikolaus | Abwechselnd mit dem rechten und linken Fuß auf den Boden stampfen. |
| streckt seine Arme ganz weit aus. | Die Arme über die Seite nach oben führen, in den Zehenstand kommen und sich lang machen. |
| Er holt sich einen Sack | Einen unsichtbaren Sack in die Hand nehmen. |
| und nimmt ihn huckepack. | Sich den schweren, unsichtbaren Sack auf den Rücken werfen. |
| Der Sack ist ganz schön schwer,<br>er schleppt ihn hin und her. | Den Sack vorwärts in die Kreismitte und rückwärts wieder zurückschleppen. |
| Der Nikolaus, ihr werdet sehen,<br>kann auf seinem rechten Bein<br>und dann auch auf dem linken stehen. | Erst auf dem rechten, dann auf dem linken Bein balancieren. |
| Der Nikolaus, der Nikolaus,<br>teilt Geschenke für die Kinder aus. | Von der Körpermitte ausgehend ausladende Bewegungen mit den Armen in alle Richtungen machen. |
| Er freut sich sehr und tanzt,<br>so wie auch du es machen kannst. | Sich in beide Richtungen um die eigene Achse drehen und dann aufeinander zeigen. |

## Bewegungsentwicklung und Improvisation

Die Kinder stehen im Kreis oder im Raum verteilt. Erzählen Sie zu Beginn folgende Geschichte: Der Nikolaus hat seinen Schlitten gepackt und die Rentiere sind eingespannt. Er ist nun bereit, alle Kinder zu besuchen und die Geschenke zu verteilen. Da kommt ein großer Schneesturm und schneit den Nikolaus völlig ein.

**Teil 1: Bewegungsentwicklung**
Bewegungsmotiv: Enge/langsam
Der Nikolaus ist nun unter einer großen Schneedecke vergraben. Er muss sich wieder befreien, indem er mit viel Kraft den Schnee beiseite schiebt und wegdrückt. (Die Kinder machen sich klein und liegen zusammengerollt auf dem Boden. Sie wachsen langsam in die Höhe und drücken und schieben mit viel Kraft den Schnee nach oben, unten, seitlich, diagonal beiseite. Zunächst am Platz; dann, während sie gehen.)

**Teil 2: Improvisation**
Bewegungsmotiv: Weite/schnell
Der Nikolaus hat sich endlich befreit und fährt mit seinem Schlitten los, um noch rechtzeitig bei allen Kindern anzukommen.
(Die Kinder tanzen durch den Raum und verteilen im ganzen Raum die imaginären Geschenke. Musik: zunächst langsam und ruhig, dann rhythmisch und schneller werdend)

Ideal ist es, wenn Sie diese Bewegungseinheiten einmal wöchentlich in Ihre Bewegungsstunde integrieren, z. B. über einen Zeitraum von vier Wochen. Durch die Wiederholung verinnerlichen die Kinder die Bewegungen und beginnen, sich in der Sprache des Tanzes sicher zu fühlen. In den spielerischen Improvisationen entdecken sie dann ihr eigenes Bewegungsvokabular und können es ausprobieren. Gemeinsam mit den Kindern können Sie in den folgenden Stunden neue Bewegungsmotive suchen und erforschen, z. B. wie kullert der Nikolaus durch den Schnee?

Lisa Crone (www.lisacrone.com)

# Der Nikolaus

## BEWEGUNGSIMPULSE UND UMSETZUNGSIDEEN ZU EINEM LIED

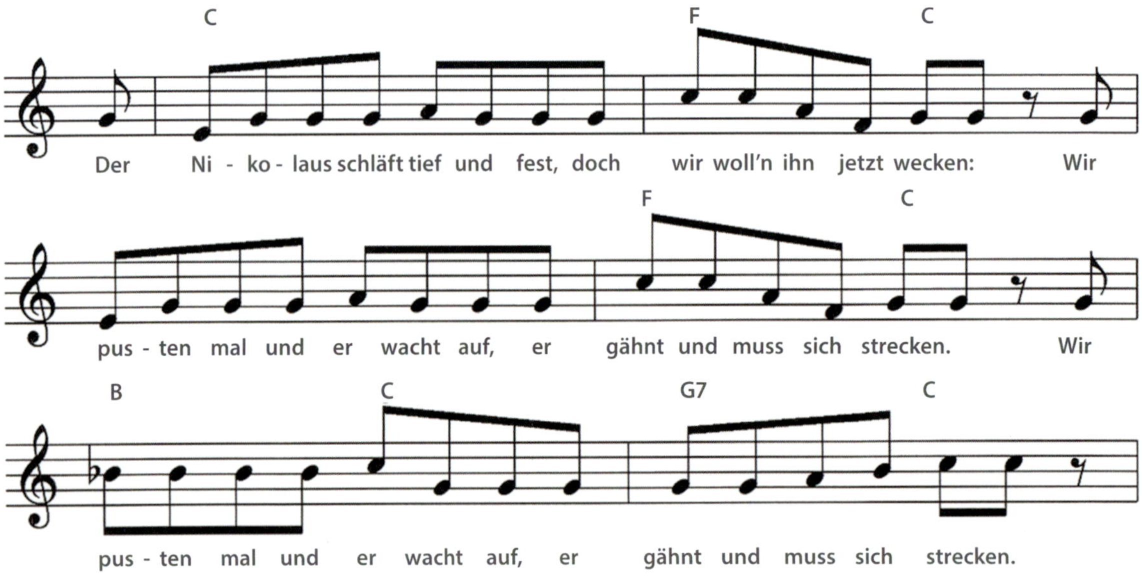


**2. Strophe:**
Der Nikolaus klatscht in die Hand
und ruft: „Öffnet die Schränke!
|: Ich fliege bald zur Erde hin,
drum bringt mir die Geschenke!" :|

**3. Strophe:**
Als Erstes hüpft ein Ball herein,
er hüpft wild hin und her.
|: Er hüpft so hoch, dass jeder staunt,
das fällt ihm gar nicht schwer. :|

**4. Strophe:**
Als Nächstes kommt ein Teddybär,
gemütlich stapft er ran.
|: Dann tanzt er einen Bärentanz,
weil das ein Bär gut kann. :|

**5. Strophe:**
Und plötzlich kommt ein Hampelmann,
der hampelt auf und ab.
|: Er hampelt mit den Armen rum
und wird dabei nicht schlapp. :|

**6. Strophe:**
Dann rollt die Apfelsine rein,
orange und prall und dick.
|: Sie rollt einmal im Kreis herum,
das ist ihr Lieblingstrick. :|

**7. Strophe:**
Sodann erscheint ein Schaf aus Holz,
das läuft auf allen Vieren.
|: Es blökt und mäht so laut es kann,
es will wohl musizieren. :|

**8. Strophe:**
Zwei Nussknacker marschier'n herbei,
ganz steif in Reih und Glied
|: Sie reißen ihre Münder auf,
und sing'n ein Weihnachtslied. :|

**9. Strophe:**
Der Nikolaus ist hocherfreut,
dann holt er seinen Sack.
|: Er steckt dort die Geschenke rein
und nimmt ihn huckepack. :|

*Quelle: Aus dem Liederheft „Verdi & Schulz: Wi-Wa-Weihnachtsmann" © Christian M. Schulz (www.verdiundschulz.de)*

## Gestaltungsmöglichkeiten zum Lied

**Materialien:**

- **Papier**
- **Buntstifte**
- **Kopfbedeckungen, z. B. Nikolausmütze, bunte und runde Mütze, Fellmütze, Zipfelmütze, Wollmütze, Zylinder**
- **orangefarbenes T-Shirt**

## Los geht's:

Üben Sie zuerst mit den Kindern das Lied ein. Singen Sie es selbst einmal vor oder hören Sie es sich gemeinsam auf CD an (mehr Infos unter: www.verdiundschulz.de/wi-wa-weihnachtsmann.htm). Anschließend können die Kinder in den Gesang einsteigen. Fragen Sie sie:

- Um was geht es in dem Lied?
- Welche Geschenke kommen vor?
- Wie sind die Geschenke beschrieben?
- Wie bewegen sie sich auf den Nikolaus zu?

Als Gedächtnisstütze können die Kinder die sieben Geschenke, die in Strophe 3 bis 9 vorkommen, auf Papier aufmalen. Nun versuchen sie, die im Lied vorkommenden Bewegungen umzusetzen:

- Wie gähnt und streckt sich der Nikolaus?
- Wie hüpft der Ball in den Raum?
- Wie rollt die Orange?
- Wie läuft der Teddybär?
- Wie läuft ein Hampelmann oder ein Nussknacker?
- Welche Bewegungen macht das Holzschaf?

Beim nochmaligen Singen können die Kinder die improvisierten Bewegungen bereits zum Lied durchführen.

Danach können Sie mit den Kindern überlegen, wie die einzelnen Geschenke klingen. Welches Geräusch machen die schweren Bärentatzen auf dem Boden? Wie mäht das Schaf? Wie klackern die Nussknacker aus Holz, wenn sie sich bewegen? Welches Weihnachtslied singen sie? Können die Kinder diese Geräusche imitieren?

Darüber hinaus überlegen die Kinder, welches Accessoire oder Kleidungsstück zur Figur passen könnte. Hier genügt eine passende Kopfbedeckung oder ein passendes Oberteil, z. B.:

- Nikolausmütze für den Nikolaus,
- bunte, runde Mütze für den Ball,
- Fellmütze für den Teddybär,
- Zipfelmütze für den Hampelmann,
- orangefarbenes T-Shirt für die Apfelsine,
- Wollmütze oder Wolljacke für das Schaf,
- Zylinder für den Nussknacker.

Zum Abschluss können die Kinder das Lied singen und gleichzeitig in verteilten Rollen mit den „Verkleidungen" die entsprechenden Bewegungen ausführen bzw. zum Lied spielen.

**Thomas Arnold**

Tipp:
Das Lied eignet sich gut zur Aufführung auf der Nikolaus- oder Weihnachtsfeier der Kita.

# Ein Haus für den Nikolaus

4+

## MIT STÄBEN EXPERIMENTIEREN UND (GEOMETRISCHE) FORMEN ENTDECKEN

„Das ist das Haus vom Nikolaus" ist ein altbekanntes Reimspiel, bei dem es gilt, ein Haus zu zeichnen, ohne den Stift abzusetzen. Hier bauen die Kinder das Haus vom Nikolaus mit Stäben nach und erfahren dabei viel über **Geometrie**.

### Materialien:

- **mehrere Rundhölzer, ca. 30 cm lang, mindestens 10 pro Kind**
- **durchsichtige Schlauchware aus dem Baumarkt oder Aquaristikbedarf mit demselben Durchmesser wie die Rundhölzer**
- **Schere**
- **Zollstock oder Lineal**
- **Papier und Stifte**

Die Schlauchstücke auf die Rundhölzer stecken ...

### Los geht's:

Schneiden Sie den Schlauch in ca. 5 cm lange Stücke und bereiten Sie für jedes Kind fünf Rundhölzer vor. Hierfür stecken Sie an jedes Ende eines Rundholzes ein Schlauchstück auf. Steigen Sie in die Aktion ein, indem Sie wie folgt das Haus vom Nikolaus, ohne die Diagonalen, auf ein Blatt Papier zeichnen und dabei folgenden Satz sagen:

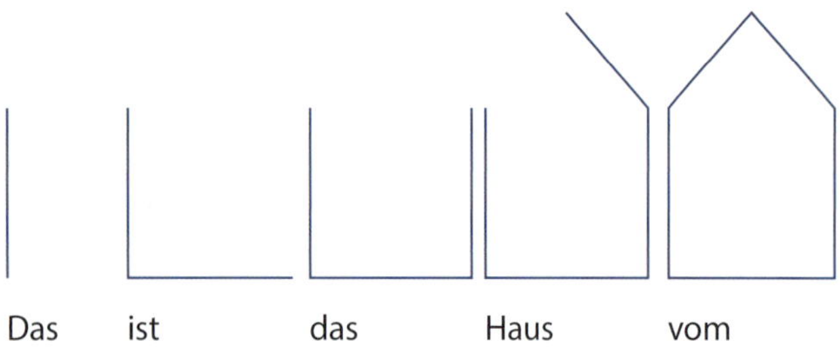


Sprechen Sie nach dem „vom" nicht weiter. Vielleicht ergänzen die Kinder schon automatisch das Wort „Niko-laus", ansonsten fragen Sie: „Ja, von wem könnte denn das Haus sein? Vielleicht vom Nikolaus? Wo wohnt der Nikolaus eigentlich?"

... und diese Stäbe zu geometrischen Formen verbinden.

## QUELLE & BUCH-TIPP

**Zauberhafte Geometrie - Ebene Stabfiguren**
**von Gerhard und Gabi Preiß**
**Zahlenland Prof. Preiß**
**Preis 5,90 €**

Aus einem Dreieck und einem Viereck entsteht ein Haus für den Nikolaus

Wie weit ist der Weg zum Nikolaushaus?

Statten Sie nun jedes Kind mit fünf Stäben aus. Bitten Sie die Kinder, daraus das Haus vom Nikolaus zu bauen und zeigen Sie ihnen, wie man die Stäbe an den Schlauchverbindungen zusammensteckt.

- Wie sieht ein Haus aus?
- Soll das Nikolaushaus anderen Häusern gleichen oder hat es eine andere Form?
- Lassen sich die fünf Rundhölzer zu einem Haus verbinden?

Hierbei lernen die Kinder die Handhabung der Stäbe und der Schlauchverbindungen kennen. Im Folgenden können sie selbst experimentieren.

### Formen legen mit allen Stäben

Stellen Sie den Kindern nun alle Stäbe und Schlauchverbindungen zur Verfügung, die sie miteinander verbinden können, wie sie möchten. Dabei entstehen unterschiedliche geometrische Formen.

- Wie entsteht aus den Stäben ein Haus?
- Könnte sich das Haus auch aus mehreren verschiedenen Formen zusammensetzen, wie z. B. einem Viereck und einem Dreieck? Oder ein Hochhaus aus vielen Vierecken?
- Welche Formen können die Kinder aus den Stäben noch bauen?

Beim gemeinsamen Betrachten können die Kinder die Formen benennen und die Ecken zählen. Aus allen Stäben könnte ein riesiges Fantasiehaus entstehen.
Eine weitere Entdeckung der Kinder könnte sein:

- Ungerade Zahlen und somit eine ungerade Zahl an Rundhölzern lassen sich nicht vollständig zusammenklappen und somit nicht halbieren. Beispiele:

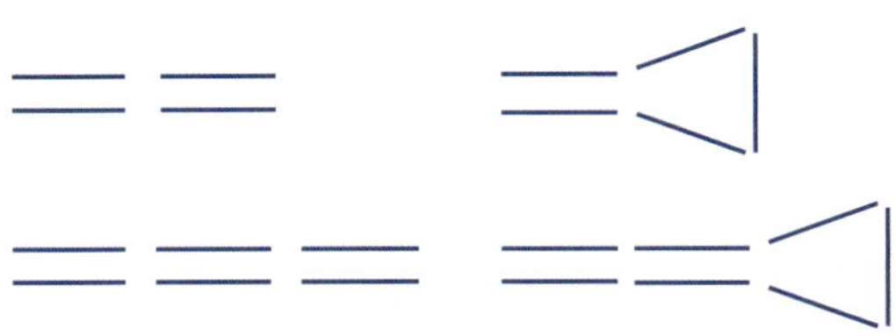

### Wie lang ist lang?

Was passiert, wenn die Kinder alle Stöcke miteinander verbinden? Ergibt dies z. B. einen Weg für den Nikolaus? Stellen Sie den Kindern ausreichend Platz zur Verfügung, um die Stöcke miteinander zu verbinden. Entweder können sie mit dem Meterstab nachmessen, wie lang der Weg geworden ist, oder sie erfinden neue Messmethoden, z. B. Messen in Kinderlängen. Dann könnte der Weg zwei Jungen und ein Mädchen lang sein.

### Weiterdenken

Während die Kinder mit den Stäben experimentieren, können unterschiedliche Ideen und Handhabungstechniken für die Stäbe entstehen, die weitere Anknüpfungspunke liefern:

- Finden sich die Figuren, die die Kinder gelegt haben, in ihrer Umgebung wieder? Z. B. das Dreieck in Dächern, das Viereck in einer Tischplatte usw.
- Können die Kinder mit ihrem Körper ebenso diese Formen bilden, z. B. indem sie sich zu einem Dreieck zusammenlegen?
- Ist es möglich, mit den Schlauchelementen und den Stäben auch dreidimensional zu bauen? Z. B., indem die Kinder zwei oder mehrere Schlauchelemente mit Kabelbindern verbinden. So kann ein Haus entstehen, in dem die Kinder sogar sitzen können.

Heike Pfister

# Vom weißen Zelt bis zur Rümpelbude

4+

## EIN HAUS FÜR DEN NIKOLAUS ENTWERFEN UND BAUEN

Das „Haus vom Nikolaus“ nehmen wir hier wörtlich: Wo und wie wohnt denn wohl der Nikolaus? Die Kinder denken sich Baupläne für Häuser aus und bauen diese nach. So bekommen sie ein Gefühl für **Statik** und **Raum** zum Ausprobieren.

Wie ein Architekt eine Bauskizze für das Nikolaushaus anfertigen und ...

... den Entwurf abschließend besprechen.

**Materialien:**

- weißer Tonkarton, Bleistifte
- Baumaterialien für das Haus, z. B. Dachlatten, Pappkartons, Äste, Tücher, Styropor®, Eis aus dem Gefrierschrank usw.
- Säge (nur unter Aufsicht!)
- Hämmer und Nägel (nur unter Aufsicht!)
- Wasserfarben
- Pinsel
- Kreppklebeband

### Los geht's:

„Sein Haus ist aus Schneeflocken und sein Tisch aus Wasser!“, „Die Wände sind aus Löchersteinen, nur in Weiß und Rot!“, „Das Haus ist aus Kuchen und die Ziegel sind aus Eis!“, „Die Wände vom Nikolaus haben Steckdosen, damit der den Tannenbaum anschließen kann! Innendrin stehen Bänke und er hat einen Computer!“, „Sein Haus glitzert und es ist aus Wolken und Sternen!“, „Es ist aus Schnee und aus grünem Holz und Fell!“. Diese Antworten stammen von Kindern, die sich darüber Gedanken gemacht haben, wie der Nikolaus wohnt und wie sein Haus aussieht.

Anknüpfend an ein solches Gespräch können die Kinder konkret überlegen, wie sie sich das Haus vom Nikolaus vorstellen und dazu eine Bauskizze anfertigen. Statten Sie hierfür jedes Kind mit einem Tonkarton und einem Bleistift aus. Die Skizze kann das Haus von vorne, von hinten oder von der Seite zeigen. Die Kinder können aber auch einzelne Zimmer malen, die sie später aneinanderreihen und so zusammenkleben, dass ein gemeinsamer Bauplan entsteht. Außerdem können sie aufzeichnen, welche Materialien sie für das Haus des Nikolauses benötigen. Anschließend stellen sie sich gegenseitig ihre Entwürfe vor. Je nachdem, welche Antworten und Entwürfe die Kinder entwickeln, könnte es wie folgt weitergehen:

### „Der Nikolaus wohnt dort, wo es immer kalt ist, deswegen ist sein Haus aus Schnee."

Kann ein Haus wirklich aus Schnee oder Eis sein? Was passiert mit dem Eis, wenn es ins Warme kommt? Die Kinder können anhand von Eiswürfeln oder Schnee – falls vorhanden – selbst herausfinden, unter welchen Bedingungen ein Eis- oder Schneehaus sich als gute Herberge für den Nikolaus anbietet. In Deutschland kann der Nikolaus in einem solchen Haus nicht wohnen, in anderen Ländern, z. B. in Grönland, jedoch schon.

### „Der Nikolaus wohnt wie ein Indianer in einem Zelt. Das Zelt ist weiß."

Zum Bau eines Zeltes sammeln die Kinder fünf Dachlatten oder lange Äste sowie weiße Stoffreste.

- Wie schaffen es die Kinder, die Dachlatten zusammenzustellen und zu fixieren, damit sie nicht umfallen?
- Wie sollten die Dachlatten zueinander stehen?
- Reicht es, sie mit Kreppklebeband zusammenzubinden oder brauchen die Kinder eine Schnur?

### „Das Haus vom Nikolaus ist sehr leicht und lässt sich zusammenfalten. So kann er es auf seinen Reisen mitnehmen und darin wohnen."

Die Kinder können dieses Haus aus Pappkartons bauen, denn die lassen sich gut knicken und wiegen nicht so viel.

- Wo hat das Haus seinen Eingang?
- Wie viele Fenster gibt es?
- Welche Farbe hat es?

Die Kinder schneiden Löcher für Tür und Fenster in den Karton und malen ihn mit Wasserfarben an.

### „Der Nikolaus wohnt in einer Rümpelbude. Weil er keine Zeit zum Aufräumen hat, ist alles ganz unordentlich."

Mit einer „Rümpelbude" könnte ein notdürftig gezimmertes Haus gemeint sein. Dazu sägen die Kinder Dachlatten in der gleichen Länge zu und verbinden sie mit Nägeln zu einem Viereck (nur unter Aufsicht!). Dies wiederholen die Kinder für jede Hauswand – also insgesamt viermal. Nun gilt es, diese vier Wände miteinander zu verbinden. Wie schaffen es die Kinder, dass die Wände stehen bleiben und das Gleichgewicht halten? Anschließend dichten sie gemeinsam dieses Wandgerüst ab, z. B. mit Pappe, weiteren Holzresten oder mit Stoff.

Aus Dachlatten entsteht das Grundgerüst für die „Rümpelbude"

### Bezug der Immobilie

Sind die Nikolaushäuser oder ist ein Haus fertiggestellt, können sie die Kinder für Rollenspiele nutzen. Möglicherweise kommt sogar eines Nachts der Nikolaus und bringt eine kleine Überraschung für die Kinder?

Betty Scheid

4+

# Esel, Schlitten & Co.

## FORTBEWEGUNGSMITTEL FÜR DEN NIKOLAUS TESTEN

Alle Jahre wieder besucht der Nikolaus die Kinder. Wie ist er unterwegs? Viele Bilder zeigen den Nikolaus, wie er durch den **Wald geht** oder mit einem **Schlitten fährt**. Die Kinder testen unterschiedliche Fortbewegungsarten für den Nikolaus.

### Materialien:

- DIN-A3-Tonpapier
- 1 weißes DIN-A4-Papier für jedes Kind
- Bunt- und Filzstifte
- Backblech, Tablett oder Plastikwanne
- Münze, Gummiring oder Radiergummi, Strümpfe, Kinderschuhe, Hufeisen
- evtl. Digitalkamera und Computer mit Drucker

### Los geht's:

Zu Beginn der Adventszeit, wenn viele Kinder den Besuch des Nikolaus' sehnsüchtig erwarten, können sie Überlegungen anstellen, wie und womit er überhaupt kommt. Kommentare und Überlegungen der Kinder könnten z. B. folgende sein:

- Der Nikolaus geht zu Fuß.
- Er fliegt mit einer Rakete und hat einen Fallschirm.
- Er fliegt auf einer Wolke.
- Er fährt mit dem LKW oder mit einem Auto.
- Er hat einen Schlitten.

Die Kinder notieren all ihre Ideen auf einem Plakat. Doch was davon eignet sich wirklich als Fortbewegungsmittel für den Nikolaus? Um das herauszufinden, probieren die Kinder unterschiedliche Fortbewegungsmittel aus und stellen Versuche dazu im Kleinen nach.

Eine „Testreihe" findet auf Eis statt, da der Boden im Winter oftmals kalt und gefroren ist, und eine weitere auf Asphalt.

## Testreihe 1: Gefrorener Boden

Lassen die Außentemperaturen einen Livetest nicht zu, können die Kinder eine Eisfläche auch selbst herstellen: Dazu frieren sie Wasser in einem großen, flachen Behälter, wie z. B. einem Backblech, einem Tablett oder einer Plastikwanne, ein. Da hierauf später kein lebensgroßer Schlitten bzw. kein Auto usw. passt, überlegen sich die Kinder kleine Stellvertreter:

- Geldstück, da es – wie die Kufen des Schlittens – aus Metall ist
- Gummiring oder Radiergummi anstelle von Autoreifen
- Schuhe für die Nikolausstiefel
- Finger – falls der Nikolaus barfuss kommt
- Strümpfe – falls der Nikolaus auf Socken geht, um keinen Lärm zu machen
- Fingernagel für die Hufe

Zum Dokumentieren der Ergebnisse erstellen die Kinder eine Tabelle, in der sie festhalten, welches Material wie gut rutscht:

Entweder malen die Kinder dann kleine Symbole für die einzelnen Versuchsobjekte in die Tabelle oder sie fotografieren sie mit der Digitalkamera und drucken die Bilder am Computer aus.

Im Anschluss an die Testreihe sprechen die Kinder gemeinsam über ihre Ergebnisse. So könnten sie z. B. herausfinden, dass ein Schlitten auf Eis sehr gut rutscht und deswegen geeignet ist, um schnell voranzukommen. Was ist aber, wenn Rentiere den Schlitten ziehen und ihre Hufe ebenfalls auf dem Eis rutschen? Hat ein Kind eine Idee, um dieses Problem zu lösen? Wie wäre es z. B., den Rentieren Socken anzuziehen, da hier evtl. der Rutschtest ergeben hat, dass sie auf Eis überhaupt nicht rutschen?

## Testreihe 2: Asphaltboden

Dieselben Rutschtests wiederholen die Kinder nun im Außenbereich der Kita. Hier können sie auch auf einen richtigen Schlitten oder einen Roller mit Gummireifen zurückgreifen. Schnell finden die Kinder heraus, dass die Messergebnisse hier anders aussehen; so rutscht der Schlitten z. B. überhaupt nicht. Die Gummireifen hingegen funktionieren hier sehr gut. Wieder tragen die Kinder alle Messergebnisse in eine Tabelle ein.

Was eignet sich für den Nikolaus? Mit dem Auto auf Eis fahren oder ...

... lieber doch auf dem Asphalt?

| | Geldstück | Gummiring | Schuhe | Strümpfe |
|---|---|---|---|---|
| RUTSCHT GAR NICHT GUT | | | | |
| RUTSCHT EIN BISSCHEN | | | | |
| RUTSCHT SEHR GUT | | | | |

## Auswertung

Am Ende der Versuche werten die Kinder ihre Ergebnisse gemeinsam aus:

- Welches Fortbewegungsmittel empfehlen sie dem Nikolaus?
- Lassen unterschiedliche Wetterbedingungen andere Empfehlungen zu? Z. B. bei Schnee und Eis ein Schlitten mit Rentieren, die Socken tragen, und bei trockenem Wetter zu Fuß gehen oder mit einem LKW fahren.
- Welches Fahrzeug würden die Kinder selbst benutzen, wenn es z. B. schneit und welches, wenn es regnet?

Betty Scheid

4+

# Ein Weckmann für den Nikolaus

## TESTS MIT HEFETEIG

Auch ein Nikolaus hat Hunger, aber was isst er überhaupt? Beim **Backen** mit Hefe eröffnen sich für die Kinder spannende Aspekte. Eine Weckmann-Bildbackanleitung zeigt, wie es geht.

Für die Hefetests die Zutaten wiegen, messen und zu einem Teig verarbeiten

### Zutaten für ca. 6 Weckmänner:

- 600 g Mehl
- 100 g Butter
- 60 g Zucker
- 2 Eier
- ½ Würfel Hefe
- ¼ l Milch
- 1 Päckchen Vanillinzucker
- 1 Prise Salz
- Rosinen oder Mandeln zum Verzieren

### Materialien:

- 4 kleine Glasschüsseln
- Papier
- Buntstifte
- Lineal

### Los geht's:

Erzählen Sie den Kindern zum Einstieg folgende Geschichte:

Nikolaus saß gemütlich in seinem Ohrensessel und las Zeitung, als es an die Tür klopfte. „Herein", donnerte seine laute und tiefe Stimme durch den Raum. Draußen stand sein Helfer. „Ja Nikolaus, bist du denn noch nicht fertig?", fragte er ihn. „Es ist doch Zeit, dass wir uns auf den Weg machen und die Kinder besuchen." „Potztausend, ist denn schon Dezember?", grummelte Nikolaus und kraulte sich seinen langen Bart. „Tatsächlich! In meinem Ohrensessel war es so gemütlich, dass ich die Zeit ganz vergessen habe." Nikolaus stemmte sich aus seinem Sessel hoch und hielt inne. Ein lautes Brummen dröhnte durch den Raum. Nikolaus und sein Helfer schauten sich an. Beide überlegten, was das sein könnte, als das Brummen wieder ertönte. Nikolaus erschrak. Das laute Brummen kam direkt aus seinem Bauch! „Ja Nikolaus, hast du denn Hunger?", fragte sein Helfer. „Hmhm. Ja und wie! Ich hab solch einen großen Hunger, dass ich meinen Sack nicht packen kann." Na, was werden wohl die Kinder denken, wenn Nikolaus ohne Sack kommt? Dass das nicht geht, da waren sich Nikolaus und sein Helfer schnell einig. Also, schnell etwas essen – aber was? Die beiden Freunde schauten sich ratlos an …

Schlagen Sie den Kindern vor, gemeinsam Weckmänner für den Nikolaus zu backen.

## Teigzubereitung

Mithilfe des Rezepts in Bildern (s. S. 46) stellen die Kinder den Teig her: Aus Hefe und etwas lauwarmer Milch zunächst einen Vorteig erstellen und diesen 15 Minuten ruhen lassen. In der Zwischenzeit das Mehl in eine Schüssel sieben. Die Butter in kleinen Flocken dazugeben. Dann den Vorteig, die übrige Milch, den Zucker, den Vanillinzucker, die Eier und eine Prise Salz dazugeben. Alles so lange verkneten, bis der Teig sich vom Schüsselrand löst. Evtl. noch etwas Mehl hinzufügen. Nun ist es für den Teig wichtig, dass er eine Stunde ruht, damit er gehen kann. Aber wer lässt den Teig gehen?

## Hefetests

Bevor die Kinder den Teig ruhen lassen und weiterverarbeiten, können sie dem Phänomen der Hefe nachgehen. Wahrscheinlich kennen sie die meisten Kinder im Vergleich zu den anderen Zutaten nicht. Um zu verstehen, was die Hefe als Treibmittel mit dem Teig macht, testen die Kinder das Verhalten des Teigs bei unterschiedlichen Temperaturen. Hierfür teilen sie ihn in vier gleich große Portionen auf und legen diese in vier Schüsseln. Diese platzieren sie an unterschiedlichen Orten: eine im Kühlfach, eine im schwach geheizten Backofen, eine vor dem offenen Fenster und eine im Zimmer. Sie messen mit einem Lineal die Höhe des Teigs und halten ihre Ergebnisse auf Papier fest. Nach 20 Minuten messen sie zum zweiten Mal nach. Was ist passiert? Haben manche Teigproben an Volumen zugenommen? Welches Stück ist am meisten gewachsen? Nach weiteren 20 Minuten wiederholen die Kinder ihre Messung und notieren wieder ihre Ergebnisse. Erklären Sie den Kindern, dass die Hefe den Teig wachsen lässt. Doch weshalb wachsen manche Teigproben schneller als andere? Durch die Tests erfahren die Kinder, dass Wärme das Wachstum begünstigt. Nur zu heiß darf es nicht werden, denn dann sterben die Hefepilze ab. Das passiert erst später beim Backen – sonst würden die Weckmänner immer weiterwachsen.

## Fertigstellung der Weckmänner

Sind die Tests abgeschlossen, lassen die Kinder den Teig noch einmal 20 Minuten gehen, sodass er insgesamt eine Stunde geruht hat. Nehmen Sie dazu die „Kühlschrankprobe" aus dem Kühlfach und legen Sie sie in den Backofen, damit auch diese Probe noch ein bisschen aufgehen kann. Zum Schluss formt jedes Kind einen Weckmann aus dem Teig. Mit Mandeln und Rosinen können die Kinder die Weckmänner verzieren. Dann den Backofen bei 200° C vorheizen und anschließend ca. 15 Minuten backen.

Heike Pfister

## GUT ZU WISSEN

### Was macht die Hefe mit dem Teig?

**Hefen sind winzigkleine Pilze, die sich durch Zellteilung vermehren können. Sie können überall dort gedeihen, wo Kohlenhydrate vorhanden sind, z. B. in Stärke oder Zucker. Die Backhefe baut die Kohlenhydrate aus dem Mehl zu Kohlendioxid ab. Dieser Prozess heißt „Gärung". Winzigkleine Kohlendioxidbläschen entstehen, die den Teig optisch anwachsen lassen. Die beste Temperatur für die Gärung liegt bei etwa 32° C. Deshalb wächst ein Teig im leicht vorgewärmten Backofen auch besser als bei Zimmertemperatur. Dauert die Gärung zu lange an, gibt es zu viele Kohlendioxidbläschen. Diese schaffen es, aus dem Teig zu entweichen, der daraufhin zusammenfällt. Dann ist der Teig „übergangen". Temperaturen über 40° C stoppen den Gärungsprozess, da sie die Hefepilze abtöten.**

Im Backofen oder im Kühlschrank: Wo wächst der Hefeteig?

## KOPIERVORLAGE: BILDREZEPT FÜR 6 WECKMÄNNER

# Verflixte Verschlingung

5+

## KNOTENTECHNIKEN FÜR DEN NIKOLAUSGÜRTEL

Gürtel zu lose? So geht es Nikolaus als er den weiten Weg zu Fuß läuft. Die Kinder schaffen mit ihren Knotenkreationen Abhilfe für den Nikolausgürtel und lernen zwei **Basisknoten** kennen.

**Materialien:**

- Seile in ausreichender Menge

### Los geht's:

Erzählen Sie den Kindern die folgende Geschichte: „Nikolaus ist dieses Jahr zu Fuß unterwegs, weil ihn sein Esel wegen einer schweren Grippe nicht begleiten kann. Er ist schon so viele Kilometer gelaufen, dass ihm heute Morgen, als er in der Kita vorbeigekommen ist, sein Gürtel vom Bauch rutschte. Er bat mich um ein Seil, das er sich stattdessen um sein Gewand binden kann. Morgen kommt er noch einmal, um dieses abzuholen. Ich möchte ihm zeigen, wie er das Seil um seinen Bauch knoten kann. Habt ihr eine Idee?" Statten Sie die Kinder mit ausreichend Seilen aus, mit denen sie nun „experimentieren" und ihre eigenen Knotentechniken entwickeln können. Die Knoten sollten so sein, dass aus dem Seil eine Schlinge entsteht und es sich um einen Bauch schmiegen kann. Ihre Ergebnisse präsentieren die Kinder abschließend im Sitzkreis. Schaffen sie es, die Knoten zu öffnen und genauso wieder zu schließen?

Stellen Sie den Kindern nun zwei Knoten vor: den einfachen Knoten und die Sackstichschlaufe. Generell gilt für das Knoten: Übung macht den Meister! Geben Sie den Kindern deshalb die Möglichkeit, die Knoten so oft wie möglich zu machen.

Der **einfache Knoten** ist der Grundknoten und somit die Ausgangsbasis für Sackstichknoten, u. a. auch beim Schuhbinden. Hierfür aus dem Seil eine Schlaufe bilden und durch diese ein Seilende ziehen. Für den Nikolausgürtel verknoten Sie die Seilenden miteinander. Hierfür schlingen Sie ein Seilende um das andere. Das linke Seilende – die große Schlinge zeigt dabei nach unten – nun über das rechte Seilende legen, durch die entstehende Schlaufe ziehen und festzurren.

Der **Sackstich**, auch Hausfrauenknoten genannt, wird im Bergsport als Anseilknoten verwendet. Legen Sie das Seil zu einer Bucht oder „halbieren" Sie es so, dass die Enden aneinanderliegen. Machen Sie nun den Grundknoten, allerdings mit beiden Seilen: Bilden Sie eine Schlinge und ziehen Sie die beiden Seilenden durch diese.

Red.

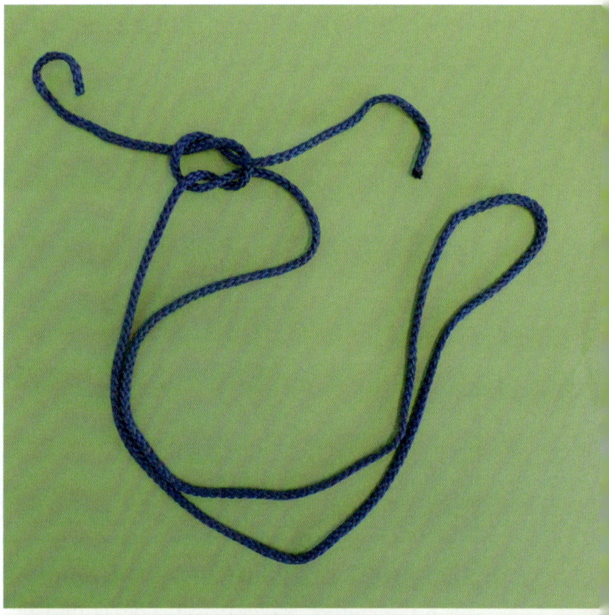

# Von der Kakaomasse zum Glitzermann

## WIE DER NIKOLAUS IN DER SCHOKOLADENFABRIK ENTSTEHT

Am 6. Dezember warten sie in vielen Kinderstiefeln: Schokoladennikoläuse. Warum ist der Nikolaus innen hohl? Wie kommt die Schokofigur in die Metallfolie? Wir haben der **Firma „Rübezahl Schokoladen"** aus Dettlingen/Teck über die Schulter geschaut.

1

**SO FÄNGT ALLES AN:** Der Nikolaus besteht aus Kakaobutter, Kakaomasse, Zucker und Milchpulver. Die exakten Mischungsverhältnisse sind ein Firmengeheimnis. Alle Zutaten werden in einer Rührmaschine zusammengemischt.

2

**SO SIEHT DIE MASSE** nach acht bis zwölf Stunden Rühren bei durchschnittlich 70° C aus. In der Fachsprache heißt das „conchieren".

3

**DIE NIKOLAUSFORMEN** stehen schon zur Befüllung bereit.

4

**EINE GROSSE MASCHINE** füllt dann die ca. 30° C warme Schokoladenmasse in jeweils eine Hälfte der Nikolausformen.

5

**ANSCHNALLEN BITTE:** Die Formen werden zugeklappt und laufen in den „Schleudertunnel". Dort werden sie vier bis fünf Minuten in alle Richtungen gedreht und auf ca. 10° C heruntergekühlt. Damit keine Luftblasen in der Schokolade entstehen, vibriert die Maschine leicht.

6

**NACH 25 WEITEREN** Minuten, in denen die Nikoläuse ganz auskühlen, holt eine andere Maschine die fertigen Schokoladenmänner aus der Form und legt sie auf ein Fließband.

7

**Mitarbeiter/-innen** nehmen die Nikoläuse vom Fließband und legen sie in die Verpackungsmaschine. Diese „zieht" die Nikoläuse mit einer bedruckten Aluminiumfolie an.

8

**ZUM ESSEN BEREIT:** So stehen die fertigen Nikoläuse schließlich im Supermarktregal. Bis zu 250.000 Nikoläuse und Weihnachtsmänner produziert Rübezahl in der Saison pro Tag.

# Schwer zu schultern

4+

## DEN SACK VOM NIKOLAUS SCHÄTZEN, MESSEN UND WIEGEN

Besucht der Nikolaus die Kinder, bringt er oft einen Sack mit Geschenken mit. Auf mysteriöse Weise finden sich in der Kita an fünf Tagen um den 6. Dezember mehrere Säcke. Die Kinder können mit ihnen verschiedene Messgeräte erproben und erste **mathematische Erfahrungen** sammeln.

### Materialien:

- **5 kleinere, verschiedenfarbige Säcke**
- **verschiedene Waagen, z. B. Küchenwaage, Briefwaage usw.**
- **Maßband**
- **Sackfüllungen, z. B. Nüsse, Hölzer, Steine, Korken, Äpfel usw.**
- **Papier und Stifte**

### Los geht's:

Die Aktion funktioniert als Fortsetzungsgeschichte von „Ein Weckmann für den Nikolaus“ (s. S. 44), bei der der Nikolaus alle seine Säcke zusammensucht, sie kann aber auch für sich stehen. Befüllen Sie fünf Säcke mit unterschiedlichen „Materialien“ und verstecken Sie sie an jeweils fünf Tagen in der Kita:

**Tag 1:**
In jedes Säckchen das gleiche „Material“ geben, jedoch in unterschiedlicher Menge. Beispiel: 1 Apfel, 2 Äpfel, 3 Äpfel, 4 Äpfel und 5 Äpfel.

**Tag 2:**
In jedes Säckchen ein anderes „Material“ in unterschiedlicher Menge legen. Beispiel: 1 Apfel, 20 Korken, 5 Nüsse, 10 Hölzer und 3 Steine.

**Tag 3:**
In alle Säckchen das gleiche „Material“ füllen. In drei Säcke unterschiedliche Mengen und in zwei die gleiche. Beispiel: 2 Orangen, 4 Orangen, 5 Orangen und 2 x 1 Orange.

**Tag 4:**
In jedes Säckchen ein anderes „Material“ füllen, aber so, dass alle Säckchen das gleiche Gewicht haben.

**Tag 5:**
In alle Säckchen dasselbe „Material“ in der gleichen Menge füllen. Beispiel: 5 x 3 Steine.

An jedem Tag suchen die Kinder die Säcke zusammen und versuchen herauszufinden, ob und wie sie sich unterscheiden. Zuerst schätzen sie per „Handwaage“ die Säcke und sortieren sie in eine Reihenfolge. Dann wählen sie Messinstrumente, wie z. B. unterschiedliche Waagen oder Maßbänder, und messen erneut. Ihre Ergebnisse notieren die Kinder in selbst angefertigten Tabellen, in denen sie jeden Sack mit seiner Farbe aufführen. Zum Schluss öffnen sie die Säckchen, sehen nach, was drin ist, und vergleichen dies mit ihren Messergebnissen.

Dabei könnten die Kinder Folgendes entdecken:

- Jedes Füllmaterial hat sein eigenes Gewicht. So ist z. B. 1 Apfel viel schwerer als 1 Korken.
- Je mehr Stücke eines Materials in einem Sack enthalten sind, desto schwerer ist er. Beispielsweise ist ein Sack mit 5 Orangen schwerer als ein Sack mit 1 Orange.
- Gleiche „Materialien“ in gleicher Größe wiegen gleich viel.
- Ein größeres Sackvolumen bedeutet nicht unbedingt, dass der Sack auch schwerer ist.

**Heike Pfister**

# Niko möchte mehr über seinen Namen erfahren

3+

**EINE GESCHICHTE MIT SIEBEN STATIONEN FÜR DIE VORWEIHNACHTSZEIT**

**Materialien:**

- 1 Europakarte
- 6 Fähnchen
- etwas Stroh, 1 Tannenzapfen, 1 Vogelfeder, getrocknete Kräuter, 1 Knochen, 1 Decke, 1 Kater als Spielfigur
- 1 Sack, 1 Korb

## Los geht's:

Die Stationengeschichte können Sie über sieben Tage hinweg erzählen, sodass sie am 6. Dezember endet oder startet. Präparieren Sie für jede „Station" einen Sack neu, indem Sie einen Gegenstand darin verstecken, der in der Geschichte eine Rolle spielt, und legen Sie den Sack vor sich. Station 1: etwas Stroh, Station 2: Tannenzapfen, Station 3: Vogelfeder, Station 4: getrocknete Kräuter, Station 5: Knochen, Station 6: Decke und Station 7: Kater-Spielfigur. Lesen Sie jeden Tag einen Teil der Geschichte vor. Markieren Sie auf der Europakarte, wo sich Bianca und Niko gerade befinden. Die erste und zweite Station liegen im Schwarzwald, die dritte in den Alpen, die vierte in Norditalien, die fünfte in Venedig, die sechste im Mittelmeer und die siebte in Demre. Fragen Sie die Kinder im Anschluss an das Vorlesen, welcher Gegenstand in der Geschichte eine wichtige Rolle gespielt hat. Zusätzlich können die Kinder durch Tasten im Sack erraten, um welchen Gegenstand es sich handelt. Wenn der Gegenstand erraten wurde, diesen auspacken und in einen Korb legen. Am Ende der Geschichte liegen dort sieben Gegenstände. Vor dem Vorlesen jeder neuen „Station" können die Kinder die bereits vorhandenen Gegenstände aus dem Korb holen und sich mithilfe dieser an die bisherigen Ereignisse erinnern.

## Station 1

An einem milden Wintermorgen, es war viel zu warm für die Jahreszeit, unterhielten sich die Tiere im Stall eines Schwarzwaldbauerns über ihre Namen. Die Kuh muhte stolz: „Mich hat die Bäuerin Alma genannt, das heißt ‚die Nährende'. Ich gebe jeden Tag gute Milch und deshalb muss in diesem Haus niemand Hunger leiden." „Ja, da hast du recht, miau", schnurrte die Katze und leckte sich mit der Zunge über die Pfote. „Ich heiße Bianca, das bedeutet ‚die Weiße' und jeder, der mich ansieht, weiß warum. Niemand hat ein so wunderschönes, weißes Fell wie ich, miau." „Ach, sei doch nicht so eingebildet", krähte der Hahn. „Mir hat der Bauer den Namen ‚Caruso' gegeben, weil ich so singe wie der berühmte Opernsänger Enrico Caruso." „Wau, ich frage mich, wer da eingebildet ist", bellte der Hund. „Mich nennen sie Max." „Und was heißt das?", wollte die Katze wissen. „Das heißt ‚der Größte', weil es von ‚Maximus' kommt." Nun kicherte die Katze, denn Max war ein sehr kleiner Hund. Das tat sie aber nur ganz leise, um ihn nicht zu verärgern. „Esel, was bedeutet dein Name?", wollte der Hahn wissen. Langsam schüttelte der Esel, der gerade den Kaninchen dabei half, ihren Stall mit frischem Stroh zu füllen, den Kopf: „Ich habe keine Ahnung, was Niko heißt."

„Das ist aber traurig. Hat dir denn nie jemand verraten, warum du diesen Namen trägst?" Wieder schüttelte der Esel den Kopf. Der Stall war nun fertig und die Kaninchenkinder krochen wieder ins frische Stroh. „Miau, wir müssen herausfinden, was Niko bedeutet", sagte Bianca. „Wie sollen wir das tun? Die Menschen verstehen unsere Sprache nicht", muhte Alma, die Kuh. „Vielleicht kann die Eule uns weiterhelfen?", meinte Max. Diese Idee fanden alle gut, denn die Eule hieß Sophie, was „Weisheit" bedeutete, und wer diesen Namen trug, wusste sicher eine Antwort. „Ich will aber nicht allein in den Wald gehen", meinte der Esel. Niko war hilfsbereit und gut, aber nicht sehr mutig. „Ich werde dich begleiten, miau!", sagte die Katze. „Der Hund muss hier bleiben und den Hof bewachen, der Hahn muss auf die Hühner aufpassen und die Kuh muss Milch geben. Ich aber kann mit dir gehen, auf diese Weise freuen sich die Mäuse und können sich ein bisschen ausruhen." „Vielen Dank", sagte Niko erleichtert, und so machten sich die beiden am nächsten Morgen auf den Weg in den Wald.

## Station 2

Leichtfüßig lief Bianca neben Niko her, der den Weg in den Wald eingeschlagen hatte. „Ich glaube, dass Sophie in der hohen Tanne vor der Waldlichtung wohnt", schnurrte Bianca. Schon nach kurzer Zeit tauchten sowohl die Lichtung, als auch eine ungewöhnlich hohe Tanne vor ihnen auf. „Iah!", rief Niko. „Sophie, bist du zu Hause? Wir haben eine Frage, auf die wir keine Antwort finden können." „Huhu!", rief die Eule Sophie. „Ich liebe kniffelige Fragen. Aber im Moment kann ich nicht gut nachdenken, denn ein Ast auf meinem Baum hängt schräg und immer, wenn der Wind bläst, schlägt der Ast gegen den Stamm und ich kann nicht schlafen." Neugierig und müde zugleich streckte Sophie ihren Kopf aus einem Loch im Baum und schob schließlich auch den Körper hinterher. Sie plusterte ihr Federkleid auf und schüttelte den Kopf. „Um welche Frage handelt es sich?" „Alle Tiere auf unserem Hof wissen, was ihre Namen bedeuten, nur ich weiß es nicht", sagte Niko. „Kannst du mir verraten, was Niko bedeutet?" Sophies müde Augen weiteten sich. Sie zwinkerte und sagte: „Ich glaube, dass Niko die Abkürzung für den langen Namen Nikolaus ist." „Nikolaus?", wiederholte Niko. „Und was heißt das?" Sophie zuckte mit den Flügeln und schüttelte ratlos den Kopf. „Das weiß ich leider nicht. Aber ich kenne einen Adler, der in den Bergen lebt, etwas südlich von hier. Er hat schon viel gehört und gesehen und ist bereits weit in der Welt herumgereist, vielleicht kann er euch weiterhelfen." „Wie heißt der Adler?" „Virgil. Das ist ein Name aus dem alten Rom und bedeutet ‚der Wächter'." „Was bewacht der Adler denn?", fragte Bianca. „Seine Kinder und seinen Berg. Nehmt euch in Acht. Wenn er sich bedroht fühlt, kann er sehr unfreundlich werden", sagte Sophie und verabschiedete sich von den beiden. Dann kroch sie zurück in ihren Baum. Bevor Niko sich zum Gehen wandte, hob er seinen Kopf und fasste mit dem Maul nach dem wackeligen Ast. Mit einem Ruck riss er ihn weg. „Damit die Eule wieder schlafen kann", sagte er zufrieden, dann hob er einen besonders großen Tannenzapfen auf, von denen viele am Boden lagen, und meinte: „Der ist für die Kaninchenkinder, sie lieben Dinge, mit denen sie spielen können."

## Station 3

Nach einer Weile fragte Niko: „Meinst du wirklich, dass es eine gute Idee ist, wenn wir weiterziehen?" „Aber natürlich, wir wissen jetzt, dass dein eigentlicher Name Nikolaus ist und es wäre doch gelacht, wenn wir nicht noch mehr erfahren würden, miau!" Bianca lief voraus, sie wurde aber rasch müde und Niko fragte: „Willst du dich auf meinen Rücken setzen und dich dort ein bisschen ausruhen?" „Ja, gerne", schnurrte Bianca und hüpfte elegant auf Nikos Rücken, wo sie es sich bequem machte. Der Esel wanderte einen ausgetretenen Pfad entlang und schon bald ließen sie den Wald sowie einige Dörfer und Städtchen hinter sich zurück und zogen in Richtung der Berge, die in der Ferne lagen und auf deren Spitzen weißer Schnee lag. Der Weg wurde immer steiler, felsiger und beschwerlicher. Und am dritten Tag ihrer Reise gelangten sie endlich an den Platz, an dem der Adler Virgil leben sollte.

„Virgil", rief Niko laut. Aber noch bevor er sein Anliegen vortragen konnte, stürzte ein gewaltiger Vogel aus einer der Felsnischen direkt auf sie zu. Erschrocken versteckte sich Bianca zwischen Nikos Hufen und zitterte. Der riesige Vogel landete direkt vor ihnen und starrte sie ernst an. „Was wollt ihr hier auf meinem Berg?", fragte er grimmig. „Ich bin gerade dabei, Holz für mein Nest zu sammeln." „Sophie, die Eule, hat uns zu dir geschickt. Wir sind auf der Suche nach einer Antwort auf eine Frage und hoffen, dass du uns weiterhelfen kannst", miaute Bianca scheu. „Eine Antwort?", fragte Virgil. „Auf welche Frage?" „Mein Freund Niko, der eigentlich Nikolaus heißt, will wissen, miau, was sein Name bedeutet." Nachdenklich starrte der Adler zum Gipfel seines Berges, wo sein Adlerhorst lag und seine Jungen saßen und auf Futter warteten. „Ihr habt Recht, jeder Name hat eine Bedeutung. Nikolaus heißt so viel wie ‚Sieger des Volkes'. Verwundert schüttelte Niko den Kopf. Er fühlte sich nicht als Sieger eines Volkes und Virgil sagte: „Aber manchmal werden Namen nicht wegen ihrer Bedeutung vergeben, sondern weil man seine Kinder nach jemanden benennen will, der etwas Tolles im Leben geleistet hat. Ich zum Beispiel habe meine Tochter Mia getauft, das ist eine Form von Maria und so hat meine Tante geheißen. Sie war die beste Mäusejägerin, die ihr euch denken könnt." „Mäusejagd …", wiederholte Bianca. „Mein Magen knurrt, ich brauche unbedingt etwas zu essen." „Auf der anderen Seite des Berges gibt es einen Bauernhof. Dort findet ihr sicherlich Futter", sagte Virgil. Bevor sie sich verabschiedeten, gab Niko dem mächtigen Vogel ein Bündel Holz. Während Virgil gesprochen hatte, war Niko nicht faul gewesen und hatte Holz für das Nest des Adlers gesucht. „Vielen Dank", sagte der Adler. Dann verabschiedeten sie sich voneinander und Virgil flog mit dem Holz im Schnabel zurück auf seinen Berg. Niko wollte ihm noch nachrufen und ihn fragen, wie er denn herausfinden sollte, welcher Nikolaus so berühmt war. Aber da war Virgil schon wieder weg. „Wir fragen die Tiere vom Bauernhof", sagte Bianca und lief voraus. Ihr Magen knurrte laut. Niko folgte ihr, nahm aber zuvor noch rasch eine Feder vom Boden auf, die Virgil eben verloren hatte.

## Station 4

Auf dem Bauernhof wurden sie im Stall herzlich empfangen. Rosa, eine dicke Milchkuh, gab Bianca Milch und Niko bekam frisches Heu. „Du willst also wissen, warum du Nikolaus heißt?", fragte Rosa. Sie selbst wusste genau, warum man ihr den Namen gegeben hatte: „Als ich auf die Welt kam, blühten im Hof die Rosen und die Bäuerin hat sich darüber so gefreut, dass sie mich nach den Blumen benannt hat." „Das ist eine schöne Geschichte, miau", sagte Bianca. Sie leckte sich ihr schneeweißes Fell. „Ich weiß, danke. Aber das hilft euch nicht weiter. Lasst mich nachdenken. An irgendetwas erinnert mich der Name Nikolaus." Während Rosa nachdachte, half Niko den Hasen, die gerade dabei waren, ihren Käfig mit frischem Heu zu füllen. „Uns vergisst die Bäuerin immer", sagte eine kleine Häsin und schüttelte verärgert den Kopf. „Kein Problem, ich helfe gern", antwortete Niko und trug selbstverständlich einen Strohballen zum Käfig, so, wie er es auch zu Hause immer tat. Nun rief Rosa erfreut: „Ich kann mich wieder erinnern!" Sofort spitzte Niko seine Ohren. „Die Kinder der Bauern freuen sich jedes Jahr auf einen Nikolaus, der am 6. Dezember kommt und ihnen Geschenke bringt." „Was für Geschenke?", fragte Niko verwundert. „Keine Ahnung. Süßigkeiten, Obst, Nüsse. Die Kinder freuen sich immer riesig und sind schon Tage davor aufgeregt." „Und warum tut dieser Nikolaus das?", wollte Niko wissen. „So genau weiß ich das nicht, aber ich habe gehört, dass die Kinder vom ‚heiligen Nikolaus' reden. Er muss also irgendetwas mit der Kirche zu tun haben", muhte Rosa. „Wenn ihr mehr erfahren wollt, reist doch zu meiner Schwester Else. Ihr Name bedeutet ‚die, die Gott verehrt' und sie kennt sich mit Heiligen aus. „Wo wohnt deine Schwester?", wollte Bianca wissen. „Weit im Süden, beinahe dort, wo das Meer beginnt." „Oh, das ist wirklich weit", sagte Bianca. Aber Niko nahm die Katze wieder auf den Rücken und sie setzten ihre lange Reise fort. Zuvor zupfte er noch ein Maul voll frischer Kräuter als Reiseproviant.

## Station 5

Nach vielen Tagen beschwerlicher Reise kamen sie endlich bei Rosas Schwester an. Sie war eine sehr fürsorgliche, nette Kuh, die ihre Gäste sofort bewirtete, ihnen Milch, Heu und Karotten anbot und sich dann ihrer Frage widmete. „Es wundert mich, dass ihr noch nie vom heiligen Nikolaus gehört habt", sagte die Kuh, die sich für Heilige und deren Legenden interessierte. „Hier kennen alle seinen Namen. Es heißt, dass er vor vielen, vielen Jahren gelebt hat; an einem Ort, der damals Myra hieß. Die antike Stadt versank aber im Laufe der Jahrhunderte im Schlamm des Demre-Flusses und wurde erst vor rund hundert Jahren wieder ausgegraben. Heute gehört der Ort zu der Stadt Demre. Sie liegt in der Türkei, etwa 100 km südwestlich von Antalya. Es gibt dort eine berühmte Kirche des heiligen Nikolaus." „Warum ist der Nikolaus heilig?", wollte Niko wissen. „Er war ein reicher Junge, der früh seine Eltern verloren hat. Aber statt seinen Reichtum zu genießen, hat er ihn an die Armen verteilt und wurde Bischof. Als solcher hat er viele gute Taten vollbracht. Was er genau getan hat, weiß ich nicht, da müsst ihr nach Demre reisen und nachfragen. Ich bin sicher, dass ihr dort mehr erfahren könnt. Die Stadt ist aber sehr, sehr weit weg. Am besten nehmt ihr ein Schiff und segelt damit die Adria entlang – bis ihr nach Griechenland kommt. Dort müsst ihr an vielen kleinen und einer großen Insel vorbei. Die große heißt Kreta. Irgendwann landet ihr dann in Demre ", sagte Else und schnaufte müde. Sie war schon eine sehr alte Kuh und es fiel ihr immer schwerer, an ihr frisches Heu zu gelangen. Geschickt streckte sich Niko und holte ihr einen ganzen Heuballen vom Dachboden. „Das ist sehr nett von dir", sagte Else. Dann verabschiedeten sich Niko und Bianca und machten sich auf zum Hafen, wo sie nach einem passenden Schiff suchten. Auf dem Weg fand Niko einen Knochen. Der gefiel ihm und er nahm ihn mit.

## Station 6

Schon nach kurzer Suche fanden sie ein großes Segelschiff, das bereit war, sie mitzunehmen. Es war in den letzten Tagen kalt geworden und Niko war froh, dass Else ihnen eine Decke mitgegeben hatte. Im Schiffsbauch trafen sie auf den Hund Justus. Stolz erklärte er ihnen, dass sein Name „der Gerechte" bedeutet, und als sich kurz darauf seine beiden Kinder stritten, versuchte er wirklich, eine gerechte Lösung zu finden und keinen der beiden zu bevorzugen. „Ihr seid also auf dem Weg nach Demre, weil ihr etwas über den heiligen Nikolaus erfahren wollt", sagte er. Niko und Bianca nickten. „Es gibt viele Geschichten über ihn. Einige davon kenne ich." „Bitte erzähl sie uns", miaute Bianca, die froh war, nun endlich jemanden gefunden zu haben, der mehr wusste. Und so setzte sich Justus zu ihnen und begann zu erzählen: „Eines Tages gab es eine große Hungersnot in Myra. Niemand hatte genug zu essen, nicht einmal der Bischof selbst. Da legte ein mächtiges Handelsschiff im Hafen an, mit vielen Säcken voll Getreide, die alle für den Kaiser bestimmt waren. Die Seeleute wollten der hungernden Bevölkerung nichts geben, denn sie hatten große Angst, dass der Kaiser sie dann bestrafen würde. Aber dem heiligen Nikolaus gelang es, die Seeleute zu überreden, sodass sie ihm einen Sack gaben." „Ein Sack Getreide für den Bischof?", bellte ein Hundekind. Doch der Vater sagte: „Hör dir auch den Rest der Geschichte an. Der heilige Nikolaus behielt den Sack nicht, sondern gab ihn den Menschen von Myra und alle wurden davon satt. Und nicht nur das, sie hatten auch genug Saatgut, um im folgenden Jahr eine reiche Ernte einzufahren." „Hat er denn gar nichts für sich behalten?", fragte das andere Hundekind. „Nur so viel, dass er satt wurde." „Das ist eine nette Geschichte", sagte Bianca. Kurz darauf schliefen die Hundekinder ein, und weil es nun so kalt geworden war, dass alle zitterten, deckte Niko nicht nur sich selbst, sondern auch Justus, Bianca und die Hundekinder der mit seiner Decke zu. So verbrachten sie einen Abend nach dem anderen und Justus fielen immer wieder neue Geschichten über den heiligen Nikolaus ein. Alle hatten etwas gemeinsam: Sie erzählten von einem Nikolaus, der die Menschen liebte und half, wann immer er konnte.

## Station 7

Nach Tagen auf dem Meer kamen sie in Demre an. Die Sonne schien und es war nicht nur deutlich wärmer, sondern richtig heiß. Das Schiff legte im Hafen an. Niko und Bianca verabschiedeten sich von Justus und seinen Kindern und schenkten ihnen zum Abschied den Knochen. Auf den Straßen der Stadt herrschte ein buntes Treiben. Menschen drängten zu einem Markt, wo Früchte, Pflanzen und Stoffe verkauft wurden. Es duftete nach Kräutern und Gewürzen. „Miau, da bekomme ich gleich wieder Hunger", schnurrte Bianca. Aber Niko, der in den letzten Wochen so viel über den heiligen Nikolaus erfahren hatte, wollte nun sehen, wo er gelebt hatte. Deshalb machten sich Bianca und er auf den Weg zum wieder ausgegrabenen Teil der Stadt, der früher Myra geheißen hatte. Vor einer großen Kirche fanden sie die Statue eines Bischofs. „Das muss er sein", sagte Bianca. Niko und sie setzten sich davor, es war hier sehr heiß. „Er sieht sehr freundlich aus", meinte Niko und betrachtete die Statue. In dem Moment kam ein Kater vorbei, der sich schnurrend neben Bianca setzte. „Na, meine Schöne", miaute er. „Kann ich dir und deinem Freund weiterhelfen?" Gerade als er sich setzten wollte, lockerte sich ein Stein und er fiel die Böschung hinunter. Sofort kletterte Niko hinterher und half dem Kater wieder auf. Behutsam trug er ihn dorthin zurück, wo Bianca wartete. „Vielen Dank für deine Hilfe", schnurrte der Kater. „Ich heiße Felix, das heißt ‚der Glückliche', und heute bewahrheitet sich mein Name." „Das freut mich, ich heiße Niko." „Das wundert mich nicht, so hilfsbereit wie du bist", sagte Felix. Und nun rief auch Bianca: „Natürlich, wie konnten wir nur so blind sein! Die Bauern haben dir den Namen Niko gegeben, weil du anderen hilfst, wenn sie dich brauchen, und du teilst, ohne etwas dafür zu verlangen." „Tu ich das?", fragte Niko verblüfft und rutschte zur Seite, damit auch Bianca und Felix etwas vom Schatten abbekamen, in dem sie nun saßen. „Miau, natürlich tust du das", schnurrte Bianca. „Aber dann müsstest du auch Nica heißen, denn du hast mich begleitet und mir bei der Suche nach der Bedeutung meines Namens geholfen. Und all die Tiere, denen wir begegnet sind, haben uns ebenfalls unterstützt und uns weitergeholfen." „Ja, aber stell dir vor, alle hilfsbereiten Tiere und Menschen würden Nica oder Niko heißen, das würde uns ordentlich verwirren." „Da hast du wohl Recht", meinte Niko. Er war zufrieden, denn endlich wusste er, warum er seinen Namen trug. „Und morgen brechen wir wieder auf, damit wir rechtzeitig am 6. Dezember zu Hause sind und den Nikolaus treffen, der die Kinder des Bauernhofs beschenkt."

Beate Maly

# Paul ist heute Nikolaus

4+

## EINE GESCHICHTE ÜBER DAS TEILEN UND HELFEN

**HEUTE IST DER** 6. Dezember. Paul hat gestern Abend seine frisch geputzten Stiefel vor die Tür gestellt und nun rennt er auf den Flur und sieht nach, ob der Nikolaus sie gefüllt hat. Ja, tatsächlich. Der Nikolaus war da und hat ihm nicht nur Äpfel, Nüsse und Süßigkeiten, sondern auch zwei Kinokarten für den neuesten Zeichentrickfilm in die Stiefel gelegt. Es sind Karten für die allererste Vorstellung. Da gibt es Gratispopcorn, Limonade, Spiele und tolle Überraschungen. „Juhu!", ruft Paul und springt in die Luft. „Ich habe mir diese Karten so sehr gewünscht. Wen soll ich denn ins Kino mitnehmen? Mia, Tom oder Lukas?" Mama füllt Pauls Müslischüssel zum Frühstück. „Du kannst es dir ja noch überlegen", sagt sie. „Die Vorstellung ist erst morgen." „Hm", meint Paul und denkt laut nach. „Egal, wen ich mitnehme, wer nicht mitkommen kann, wird enttäuscht sein." Mama runzelt die Stirn: „Ich bin sicher, du wirst die richtige Entscheidung treffen." Dann bringt sie Paul in den Kindergarten.

Auf dem Weg dorthin kommen sie an einem Supermarkt vorbei. Auf der Straße davor steht ein Mann in einem Nikolauskostüm. Er sieht nicht so toll aus wie der Nikolaus im großen Kaufhaus und auch nicht so schön wie der auf dem Weihnachtsmarkt. Sein Kostüm wirkt alt, es ist an den Rändern ausgefranst und vom vielen Waschen schon grau und schäbig. Auch sein Bart ist mickrig. „Ich gehe in den Supermarkt und hole dir ein Brötchen und eine Banane", sagt Mama. Da sie bereits spät dran sind, will sie sich beeilen und bittet Paul, vor dem Supermarkt zu warten. „Du kannst dich ja so lange mit dem Nikolaus unterhalten", sagt sie und läuft schon los. Paul will sie zurückhalten, er glaubt nicht, dass dieser Nikolaus echt ist. Er bezweifelt sogar, dass es sich um einen Helfer des Nikolaus handelt. Der Mann sieht irgendwie traurig und müde aus. „Bist du der Nikolaus?", fragt Paul. „Wer soll ich denn sonst sein, etwa der Osterhase?", fragt der Nikolaus, dabei verrutscht sein Wattebart ein wenig. Dann schweigt er. Nach einer Weile hält er ihm einen Sack entgegen, den er in der Hand hält. „Willst du einen Lebkuchen?", fragt er. „Aber er ist alt und schmeckt nicht gut." „Lieber nicht", sagt Paul. „Ich habe heute schon viele Süßigkeiten bekommen und diese tolle Überraschung dazu." Stolz hält er die Kinokarten in die Höhe. „Das … das sind ja Karten für den neuen Zeichentrickfilm", stottert der Nikolaus. „Ja! Karten vom echten Nikolaus", sagt Paul und betont das Wort „echt". Plötzlich verändert sich das Gesicht des Nikolaus' und er sieht nun wirklich traurig aus. „Tim würde auch gerne zur Premiere gehen, aber das kann ich mir mit meinem mickrigen Gehalt als Nikolaus nicht leisten." Na, bitte. Paul wusste gleich, dass dieser Nikolaus bloß ein Schauspieler ist. „Wer ist denn Tim?", fragt Paul. Der Nikolaus starrt immer noch auf die Karten und meint: „Tim ist mein Kind und so alt wie du. Wir werden wohl noch eine Weile warten müssen, so lange, bis der Film ins Fernsehen kommt. Aber nun greif endlich in den Sack hinein. Der Lebkuchen ist hart, aber die Bonbons sind gut, besser als mein Kostüm, und am Abend muss der Sack leer sein, sonst glauben die vom Supermarkt, ich hätte den ganzen Tag geschlafen." Der Nikolaus klingt so traurig, dass Paul ihn gerne trösten möchte. Plötzlich hat er eine Idee. Er schaut zur Kasse. Mama bezahlt bereits, er hat also nicht mehr viel Zeit. Entschlossen nimmt er eine der Karten, und anstatt sich ein Bonbon aus dem Sack zu nehmen, steckt er die Karte hinein. Kaum ist sie im Sack, kommt Mama auch schon mit Pauls belegtem Brötchen wieder. „Ich habe mich beeilt", sagt sie, bedankt sich beim Nikolaus dafür, dass er sich mit Paul unterhalten hat, und läuft weiter. Paul winkt dem Nikolaus zu und folgt Mama. Als er ihr später erklärt, dass er eine der Karten in den Nikolaussack gesteckt hat, kann Mama es nicht fassen. Zuerst ist sie böse und schimpft, doch dann streichelt sie Paul über den Kopf und meint: „Hoffentlich findet der verkleidete Nikolaus die Karte für den kleinen Tim." „Ganz sicher!", sagt Paul.

Am nächsten Tag vergeht die Zeit nur schleppend. Paul hat das Gefühl, dass der Tag ein einziger Kaugummi ist, der sich zieht und zieht und … Aber dann wird es doch irgendwann finster und Mama sagt, dass sie nun los müssen, damit sie rechtzeitig ins Kino kommen. So schnell wie sonst nie hüft Paul in seine Jacke, zieht die Mütze über und läuft los. Die Halle vor dem Kinosaal ist voll mit Kindern. Es riecht nach Popcorn und Zuckerwatte. Nun bekommt Paul doch ein mulmiges Gefühl. Was, wenn der falsche Nikolaus die Karte nicht gefunden hat? Dann muss er jetzt allein in den riesigen Saal hineingehen. Plötzlich hat er gar keine Lust mehr auf den Film. Am liebsten will er wieder nach Hause gehen. Was hat er sich gestern bloß gedacht? Gerade als er Mama sagen will, dass sie besser wieder nach Hause gehen, tippt jemand von hinten auf seine Schulter. „Hallo, du bist doch der kleine Nikolaus, oder?" Verwirrt dreht sich Paul um. Vor ihm steht ein Mann ohne Wattebart, der aber dem falschen Nikolaus vor dem Supermarkt sehr ähnlich sieht. An seiner Hand hält sich ein kleines Mädchen in Pauls Alter fest. „Das ist Tim?", fragt Paul. „Ich heiße Timna. Aber alle nennen mich Tim, weil ich Fußball spielen kann wie ein Junge." „Das ist gut", sagt Paul, der selbst ein begeisterter Fußballspieler ist. „Komm, Nikolaus. Die Vorstellung fängt gleich an", sagt Tim. Sie lässt die Hand ihres Vaters los und ergreift die von Paul. „Ich heiße Paul." „Ich weiß, aber für mich bist du der Nikolaus, wer sonst schenkt einem fremden Mädchen eine Kinokarte." Paul grinst und ist sich sicher, dass dies ein toller Abend werden wird.

Beate Maly

## AKTIONEN ZUR GESCHICHTE

Lesen Sie den Kindern die Geschichte vor, wenn notwendig auch mehrmals. Beginnen Sie ein Gespräch über die Kernthemen und -aussagen der Geschichte. Folgende Fragen können leitend sein:

### Schenken und Teilen

- Warum heißt die Geschichte „Paul ist heute Nikolaus"?
- Wieso schenkt Paul eine seiner Kinokarten weiter?
- Würdet ihr auch etwas von euren Sachen abgeben?
- Habt ihr auch schon einmal anderen Menschen eine Freude gemacht? Wenn ja, wie?

### Die Geschichte weitererzählen

Die Kinder überlegen gemeinsam, was der Supermarkt-Nikolaus erlebt, nachdem Paul weg ist:

- Wann findet er die Karten?
- Wie überrascht er Tim damit?

Oder die Kinder überlegen, was Paul und Tim nach dem Kinobesuch machen:

- Entsteht zwischen ihnen eine Freundschaft?
- Was machen sie bei ihrem nächsten Treffen?
- Wie kann sich Tim bei Paul bedanken, ohne dabei Geld auszugeben?

Ihre Ideen halten die Kinder mit Buntstiften auf Papier fest und erzählen so die Geschichte in Bildern weiter.

Schicken Sie uns das **Nikolausinterview** der Kinder Ihrer Kita – gerne auch mit Foto oder als Video – an redaktion@entdeckungskiste.de. Wir veröffentlichen es auf unserer Website: www.entdeckungskiste.de

# Knallhart nachgefragt

4+

## DEN NIKOLAUS IN EINEM INTERVIEW BEFRAGEN

Kommt der Nikolaus in die Kita, weiß er vieles darüber, was die Kinder im Kita-Jahr gemacht haben. Mit dieser Aktion drehen die Kinder den Spieß um: Sie fragen dem Nikolaus **„Löcher" in den Bauch** und erfahren nebenbei die Grundzüge der Interviewtechnik.

**Materialien:**

- **Blankokarteikarten, DIN-A6 oder DIN-A5 groß**
- **Buntstifte**
- **digitales Aufnahmegerät**
- **Digitalkamera**
- **Computer oder Notebook mit Drucker**
- **evtl. Videokamera**

### Los geht's:

Fragen Sie die Kinder ca. eine Woche bevor der Nikolaus in die Kita kommt, was sie über diesen Mann wissen:

- Wie sieht er aus?
- Was macht er tagsüber?
- Wo wohnt er?
- Was macht er im restlichen Jahr, wenn nicht Nikolausabend und Weihnachten ist?

Achten Sie bei den Antworten der Kinder darauf, welche Gefühle und Fragen „zwischen den Zeilen" auftauchen. Fürchten sie sich vor der Figur des Nikolaus? Haben sie Angst vor Bestrafung? Diese Bedenken sollten Sie vorher aus der Welt schaffen. Die Kinder merken sicherlich schnell, dass jeder andere Antworten findet und nur Vermutungen äußert. Schlagen Sie deshalb vor, den Nikolaus einfach selbst zu fragen, indem die Kinder ihn am Tag seines Besuchs in der Kita interviewen.

Aber ein Interview – wie geht das eigentlich?

Die Kinder überlegen sich im Vorfeld Fragen ...

### 1. Vorbereitung

Schauen Sie sich zunächst mit den Kindern gemeinsam im (Kinder-) Fernsehen, Internet oder in einer Zeitschrift ein Interview an. Die Kinder erfahren hierbei, dass zunächst immer eine Person etwas fragt

... und stellen diese in einem Interview dem Nikolaus.

und eine weitere Person darauf eine Antwort gibt. Die Interviewer fragen zunächst bei ihrem Interviewpartner nach, in diesem Fall beim Nikolaus, ob sie ihn befragen dürfen. Je nachdem können dann entweder Sie selbst beim Nikolaus, der die Kita besuchen wird, anrufen oder die Kinder übernehmen dies. Optional können die Kinder auch eine schriftliche Einladung zum Interview gestalten und diese per Post an den Nikolaus schicken.

## 2. Recherche und Fragen formulieren

Als Nächstes gilt es, in einer sog. Recherche so viel wie möglich über den Nikolaus herauszufinden. Hierfür können die Kinder auch das Internet oder Sachbücher zu Rate ziehen: Wo hat er gelebt? Welche Geschichten gibt es über ihn? Was war sein Beruf? Mithilfe dieser Informationen können die Kinder ihre Fragen formulieren. Nützlich sind hierfür die sieben W-Fragen: Wer? Was? Wann? Wo? Wie? Warum? Woher? Zu jedem Fragewort können sich die Kinder mindestens eine Frage überlegen, z. B. „Wie alt bist Du?" oder „Warum kommst Du nur einmal im Jahr?" So ergeben sich automatisch offene Fragen, die der Nikolaus nicht einfach mit „Ja" oder „Nein" beantworten kann, sondern für die eine ausführlichere Antwort vonnöten ist. Im Anschluss denkt sich jedes Kind ein Symbol oder ein Bild für jede Frage aus, damit es diese später nicht vergisst. Dieses Symbol oder Bild zeichnet es mit Buntstiften auf eine Karteikarte. Zusätzlich sollten Sie alle Fragen aufschreiben und beim Interview gegebenenfalls unterstützend eingreifen.

## 3. Durchführung

Bevor das Interview beginnt, sollten die Kinder einen Raum dafür vorbereiten. Zur Ausstattung gehören bequeme Stühle für die Interviewer und den Nikolaus sowie Getränke, denn Fragen beantworten macht durstig. Eine angenehme Atmosphäre sorgt zudem dafür, dass der Nikolaus viel über sich erzählt. Wichtig ist darüber hinaus die technische Ausstattung: ein digitales Aufnahmegerät, das während des Interviews mitläuft, und eine Digitalkamera bzw. eine Videokamera, um das Interview bildlich festzuhalten. Die technischen Geräte in jedem Fall vorab testen und deren Handhabung üben. Kommt der Nikolaus, begrüßen die Kinder ihn zunächst und zeigen ihm seinen Platz. Dann können sie reihum ihre Fragen stellen. Erst, wenn der Nikolaus seine Antwort gegeben hat, ist die nächste Frage an der Reihe. Sind alle gestellt, bedanken sich die Kinder beim Interviewten und versprechen ihm, das Interview zur Freigabe zuzuschicken.

## 4. Auswertung

Nach dem Interview hören sich die Kinder die Aufnahme gemeinsam an:

- Hat der Nikolaus alle Fragen beantwortet?
- Hat er Dinge erzählt, die die Kinder vorher noch nicht wussten?
- Klang er aufgeregt?
- Sind noch Fragen offen geblieben?

## 5. Verschriftlichung und Freigabe

Tippen Sie das Interview im Beisein der Kinder am Computer oder Notebook ab und lesen Sie ihnen das Endergebnis vor. Im Anschluss schicken die Kinder den Text dem Nikolaus zur Freigabe zu. Ist er mit allem einverstanden? Wenn ihm etwas nicht gefällt, im Bedarfsfall Korrekturen durchführen.

Anke Agius-Gilibert

# Ja, wie siehst du denn aus?

4+

## DAS NIKOLAUS-OUTFIT UNTER DIE LUPE NEHMEN

Nikolaus und Weihnachtsmann unterscheiden sich heute in ihrer Kleidung und Ausstattung oftmals nicht mehr voneinander. Das ist nicht korrekt! Wie der **Bischof Nikolaus** tatsächlich aussah, entdecken die Kinder in einem Spiel.

**VIELE BERUFSGRUPPEN HABEN** eine bestimmte Kleidung. Sie sorgt dafür, dass die Menschen in der Ausübung ihrer Funktion zu erkennen und zweifelsfrei zuzuordnen sind, wie z. B. Polizisten, Ärzte, Feuerwehrleute usw. Außerdem ist die Kleidung speziell an die jeweiligen Tätigkeiten und die damit verbundenen Aufgaben angepasst. Feuerwehrleute brauchen z. B. feuerfeste Kleidung. Der heilige Nikolaus war ein Bischof und deshalb tragen seine Vertreter auch heute noch ein Bischofsgewand bestehend aus einer Mitra, einer Albe, einem Chormantel, einem Zingulum und einem Bischofsstab (s. Infokasten).

Um Kinder für die charakteristischen Merkmale des heiligen Nikolaus' zu sensibilisieren und mit ihnen darüber ins Gespräch zu kommen, bietet sich folgendes Spiel an.

**Materialien:**

- **1 Schatztruhe, 1 Sack oder 1 alter Koffer**
- **1 Nikolauskostüm mit Mantel, Albe, Mitra, Zingulum und Stab**
- **mind. 12 Kärtchen, ca. 8 x 8 cm groß**
- **Bildkarten (s. Download)**
- **Klebstoff**
- **Buntstifte**

## Los geht's:

Bereiten Sie zunächst die Bildkarten zum Spielen vor, indem Sie die Vorlagen (s. Download) herunterladen, ausdrucken, ausschneiden und auf Kärtchen kleben. Die Bildkarten zeigen folgende Personen mit ihrer dazugehörigen Ausstattung (Hut, Kleidung, Accessoire):

- Nikolaus – Mitra – Chormantel – Bischofsstab
- Cowboy – Cowboyhut – Weste & Karohemd, Jeans – Lasso
- Feuerwehrfrau – Feuerwehrhelm – Schutzkleidung – Löschschlauch
- Polizistin – Mütze – Uniform – Pistole

Es empfiehlt sich, weitere Berufsgruppen wie z. B. Schreiner oder Arzt zu ergänzen oder weitere Kleidungsstücke, wie z. B. Feuerwehrhandschuhe, Schlagstock, Revolver, Zingulum usw. hinzuzufügen. Auf diese Weise entstehen mehr Möglichkeiten, ins Gespräch einzusteigen. Verstecken Sie das Nikolauskostüm in einem alten Koffer, einem Sack, einer Schatztruhe o. Ä.

Um die Kinder mit den Bildern vertraut zu machen, alle Karten mit der Bildseite nach oben auf dem Boden oder auf einem Tisch ausbreiten. Die Kinder legen nun alle Karten, die zusammenpassen, nebeneinander. So erproben sie sich im Kategorisieren und finden Oberbegriffe für die einzelnen Kategorien. Dabei können erste Gespräche entstehen:

- Was legen wir zusammen? Alle Hüte oder alles, was zu einer Person gehört?
- Gehört der Pistolengürtel dem Cowboy oder der Polizistin? Usw.

In einem nächsten Schritt können die Kinder nun herausfinden, was alles zum Nikolaus gehört, wie die Kleidung oder die Gegenstände heißen und wofür er diese braucht.

## Das Spiel beginnt:

Die Personenkarten liegen offen aus. Alle anderen Kärtchen mischen und verdeckt dazulegen. Reihum ziehen die Kinder eine verdeckte Karte und ordnen diese einer Person zu. Dabei begründen die Kinder ihre Zuordnung. Die anderen Kinder können eingreifen. Wofür könnte der Nikolaus so etwas gebrauchen? Z. B. das Zingulum: „Das ist eine lange Schnur mit Fransen vorne dran. Das könnte das Lasso vom Cowboy sein. Oder ein Gürtel, den sich jemand umbindet. Dann gehört die Schnur vielleicht dem Nikolaus, weil er so ein weites Hemd anhat. Das kann er damit festbinden.“

Wenn das Utensil zum Nikolaus gehört, behält das Kind die Karte vorübergehend, wenn nicht, nimmt es die Karte aus dem Spiel. Es kann diese Entscheidung selbst treffen oder sich mit den anderen beraten.

Sind alle Karten aufgedeckt und zugeordnet, vergleichen die Kinder die Karten, die sie dem Nikolaus zugeordnet haben, mit der Kleidung und den Accessoires in der Schatztruhe. Haben sie alles herausgefunden? Fehlt noch etwas? Sind Sachen in der Schatztruhe, die nicht auf den Kärtchen waren? Am Ende des Spiels können die Kinder das Nikolauskostüm einmal selbst anprobieren. Wie fühlt sich das an? Wie ist es, so viele lange und schwere Kleidungsstücke übereinander zutragen?

Variante: Die Kinder holen vor dem Zuordnungsspiel das Nikolauskostüm aus der Truhe und vergleichen dieses mit den Abbildungen auf den Kärtchen. Welche Kleidungsstücke oder Accessoires fehlen? Diese zeichnen sie selbst auf Kärtchen und überlegen sich auch für die anderen abgebildeten Berufsgruppen weitere Kleidungsstücke oder Accessoires. So erweitern die Kinder das Legespiel selbst.

Anke Agius-Gilibert

Bildkarten für das Spiel
www.entdeckungskiste.de/materialien

## DIE AUSSTATTUNG VOM NIKOLAUS

**Mitra:** Die hohe, spitze Kopfbedeckung eines Bischofs. Auf ihrer Vorderseite ist ein Kreuz abgebildet. An ihrer Rückseite hängen zwei Bänder, die symbolisch für das alte und das neue Testament der Bibel stehen.

**Albe:** So heißt das weiße, knöchellange Gewand unter dem Chormantel. Es symbolisiert das Taufgewand.

**Zingulum:** Der geflochtene Gürtel, der die Albe in der Taille zusammenhält. Das Zingulum der Bischöfe ist violett. Es steht u. a. für die von Gott kommende Kraft.

**Chor- oder Rauchmantel:** Halbkreisförmiger, ärmelloser Mantel oder Umhang, meist sehr kunstvoll verziert oder bestickt. Ursprünglich war dieser Mantel ein „Wettermantel“ mit Kapuze.

**Bischofsstab:** Ein hoher Stab, der einen Hirtenstab symbolisiert. Ähnlich wie der Hirt wacht der Bischof damit über seine „Herde“. Der Stab stützt, beschützt und weist die Richtung.

**Ring:** Damit zeigt ein Bischof seine Verbundenheit mit seinem Glauben und seiner Gemeinde.

# Nikolaus schläft

4+

**EINE BILDERGESCHICHTE IN WORTE FASSEN**

Der sechste Dezember ist vorbei und Nikolaus hat all seine Geschenke an die Kinder verteilt. Todmüde fällt er ins Bett ... Wie diese Geschichte weitergeht, das denken sich die Kinder mithilfe dieser **Bilder** aus.

**Materialien:**

- **Bildergeschichte (s. Kopiervorlage)**
- **DIN-A4- oder DIN-A3-Papier**
- **Bleistifte und Kohle(stifte)**
- **(digitales) Tonaufnahmegerät**

## Los geht's:

Kopieren Sie die Kopiervorlage (s. rechts) und vergrößern Sie die einzelnen Bilder auf DIN-A4 oder evtl. sogar auf DIN-A3-Format. Stecken Sie die Kopien und ein weiteres Blatt Papier im selben Format, auf das Sie einen dünnen, schwarzen Rahmen (entsprechend den anderen Bildern) aufzeichnen, in einen großen Briefumschlag. Verschließen Sie diesen, schreiben Sie die Adresse der Kita auf den Umschlag, kleben Sie eine Briefmarke darauf und schicken Sie ihn per Post an die Kita. Sobald der Briefumschlag eingetroffen ist, kann es losgehen. Im Idealfall kommt der Brief am sechsten Dezember oder einige Tage vorher an.

Versammeln Sie die Kinder im Sitzkreis und legen Sie den Briefumschlag in die Mitte. Erzählen Sie ihnen zum Einstieg, dass Sie von den Nikolaushelfern Post bekommen haben. Fragen Sie die Kinder, was wohl in dem Briefumschlag sein könnte. Sammeln Sie die Vermutungen, anschließend öffnen die Kinder den Brief. Lassen Sie die Kinder kommentieren, was der Umschlag enthält, was die Helfer ihnen erzählen möchten und fragen Sie sie, in welcher Reihenfolge die Bilder anzuordnen sind. Die Kinder legen eine Abfolge fest und hängen die Bilder nun in dieser an einer Wand auf.

Die Helfer vom Nikolaus möchten den Kindern mit den Bildern eine Geschichte erzählen. Diese formulieren die Kinder nun aus. Hierfür gehen die Kinder wie bei einem Museumsrundgang die einzelnen Bilder ab. Bündeln Sie die Aussagen der Kinder, wiederholen Sie diese und schreiben Sie sie zu dem jeweiligen Bild dazu. Hilfreiche Fragen können sein:

- Wen und was seht ihr auf den Bildern? Welche Hauptfiguren kommen in der Geschichte vor?
- Haben die Person oder die Tiere einen Namen?
- Was tut diese Person oder was tun die Tiere gerade?
- Warum macht die Person/machen die Tiere das?
- Wie endet die Geschichte?

Haben die Kinder zu jedem Bild etwas erzählt, können abschließend alle gemeinsam die Bildergeschichte noch einmal „ablaufen", und Sie lesen die von den Kindern erfundene Geschichte erneut am Stück vor.

Da die Geschichte auf den Bildern ein offenes Ende hat, können die Kinder zu dem von ihnen erfundenen Ende ein weiteres Bild malen. Hierzu verwenden sie das weiße Blatt mit dem schwarzen Rahmen aus dem Umschlag, außerdem Bleistifte und Kohle(stifte).

## Alternativen:

- **Hörspiel:** Die Kinder nehmen ihre Geschichte mit einem Tonaufnahmegerät auf. Zusätzlich zur Erzählstimme können die Kinder die passenden Geräusche zu den Geschehnissen machen, z. B. die Schnarchgeräusche vom Nikolaus, das Quietschen des Schaukelbetts oder das Knallen des Luftballons imitieren. Sie können ebenso die Hauptfiguren bzw. die Tiere sprechen lassen, z. B. sagen die Mäuse: „Nikolaus schläft tief und fest über den Sommer. Damit er gute Träume hat, schaukeln wir ihn."

- **Nonsensgeschichte:** Die Kinder legen die Bilder mit ihrem dazuerfundenen Text in eine andere Reihenfolge. Daraus entsteht eine Nonsensgeschichte. Lesen Sie diese den Kindern vor.
- **Was geschah zuvor:** Die Kinder überlegen sich, was geschehen ist, bevor Nikolaus sich hingelegt hat. Seine Erlebnisse halten sie in einem Bild fest, bei Bedarf auch auf mehreren.

**Red.**

## KOPIERVORLAGE

# Lieber Nikolaus

4+

## WUNSCHZETTEL MALEN UND BRIEFE SCHREIBEN

Die Wünsche von Kindern beziehen sich häufig nicht nur auf materielle Dinge, sondern auch auf emotionales und soziales Wohlbefinden. Sie sind Ausdruck ihrer **Gedanken** und ihrer **Sichtweise auf die Welt**. In einem Brief an den Nikolaus können die Kinder ihre Wünsche formulieren. Antwort kommt postwendend!

**Materialien:**

- **(Brief-)Papier, Kuverts und ggf. Briefmarken**
- **Bunt- und Wachsmalstifte**
- **Prospekte, Zeitschriften, Fotos der Kinder**
- **Klebstoff, Scheren**
- **„echte" Briefe mit Umschlag, z. B. ein persönlicher Brief und ein Geschäftsbrief**

### Los geht's:

Schaffen Sie durch gedämpftes Licht und Kerzenschein zum Einstieg eine gemütliche Atmosphäre im Raum und versammeln Sie sich mit den Kindern im Sitzkreis. Fragen Sie die Kinder:

- Hast du schon einmal einen Wunschzettel geschrieben oder gemalt?
- Warum wünschen sich Menschen etwas?
- Was wünscht ihr euch? Warum gerade das?
- Was wünscht ihr euren (Groß-) Eltern, euren Geschwistern, euren Freunden?

Lenken Sie im Anschluss daran das Gespräch auf den heiligen Nikolaus, der oft Leuten geholfen hat. Schlagen Sie vor, dem Nikolaus einen Brief zu schreiben. Erklären Sie den Kindern, dass sie ihm ihre Wünsche mitteilen können, dass diese manchmal aber trotzdem nicht in Erfüllung gehen. Wie ist ein Brief eigentlich aufgebaut und wie sieht er aus? Zeigen Sie den Kindern einen handgeschriebenen, persönlichen Brief und einen Geschäftsbrief. Welche Unterschiede fallen den Kindern auf? Festzustellen wäre z. B.: Der persönliche Brief hat besonderes Briefpapier und ist von Hand geschrieben, der Geschäftsbrief ist auf weißem Papier und gedruckt. Besprechen Sie mit den Kindern, was einen Brief auszeichnet, wie z. B. Ort und Datum oben rechts, dann eine Anrede und am Ende eine Abschiedsformel wie „Viele Grüße" o. Ä. und den eigenen Namen. Im Anschluss kann entweder jedes Kind einen eigenen Brief an den Nikolaus verfassen oder Sie schreiben gemeinsam einen für alle. Wenn die Kinder sich für die erste Variante entscheiden, können Sie wie folgt vorgehen:

1. Die Kinder malen in den Brief Bilder von ihren Wünschen und Sie schreiben Stichwörter dazu.
2. Sie schreiben auf, was die Kinder diktieren.
3. Die Kinder schreiben selbst bzw. kritzeln oder erfinden eigene Zeichen.
4. Die Kinder schneiden Bilder aus Prospekten aus und kleben diese auf.

**Anke Agius-Gilibert**

### Adressen, unter denen Nikolaus und Weihnachtsmann zu erreichen sind:

An den Nikolaus
66351 St. Nikolaus
Mehr Infos:
www.nikolauspostamt.de

An den Nikolaus
Nikolausdorf
49681 Garrel

An den Weihnachtsmann
Weihnachtspostfiliale
16798 Himmelpfort
Mehr Infos:
www.weihnachtsmann-in-himmelpfort.de

An den Weihnachtsmann
in Himmelsthür
31137 Hildesheim

# Für Sie getestet

## ERZÄHLENDES BILDERBUCH

### Der Nikolaus kommt heut!

**von Isabel Abedi und Daniele Winterhager**
**arsEdition**
**ISBN 978-3-7607-5160-3**
**Preis 3,95 €**

Lena und ihre zwei Brüder sind aufgeregt, weil der Nikolaus bald zu ihnen nach Hause kommen wird. Wie er wohl aussieht? Und was wird der Nikolaus machen, wenn er weiß, dass Lena Süßigkeiten aus Mamas Schublade stibitzt hat? Als der Nikolaus dann endlich im Wohnzimmer steht, versteckt sich Lena hinter dem Sofa. Doch das Blatt wendet sich überraschend.
Diese Geschichte erzählt vom ersten Nikolausbesuch und den damit verknüpften kindlichen Vorstellungen und Ängsten. Humorvoll nimmt sich die Autorin auch die Erwachsenen zur Brust und regt so zur Reflexion des eigenen Verhaltens an. Bemerkenswert ist die Darstellung des Nikolaus' in den Illustrationen, der traditionell als Bischof gekleidet ist, und sich somit vom modernen Weihnachtsmann-Einerlei deutlich abhebt. Im Anhang des kleinformatigen Buches ist die überlieferte Legende vom heiligen Nikolaus abgedruckt.

**ZIELGRUPPE: KINDER AB 4 JAHREN**

## SACHBILDERBUCH

### Wir feiern Weihnachten

**von Andrea Erne und Susanne Szesny**
**Ravensburger**
**ISBN 978-3-473-32871-0**
**Preis 12,99 €**

Warum heißen Lebkuchen auch Pfefferkuchen? Und in welcher Stadt gab es den ersten Adventskranz? Solche und viele andere Fragen rund um das Weihnachtsfest beantwortet dieses Sachbilderbuch. Es erklärt das Fest auch als religiöses Ereignis, indem es z. B. sowohl die biblische Weihnachtsgeschichte als auch Nikolaus und die Heiligen Drei Könige vorstellt. Die Kinder lernen die Ursprünge von Traditionen, wie z. B. Adventskalender und Weihnachtsbaum, kennen. Darüber hinaus nimmt das Buch moderne Erscheinungen wie den Weihnachtsmann ebenso wie Bräuche aus anderen Ländern unter die Lupe. Textmenge und Illustrationen sind altersgerecht und zum Selbstentdecken gibt es Klappen zum Öffnen. Aufstellfiguren aus Pappe zum Nachspielen der Weihnachtsgeschichte runden das Sachbuch ab.

**ZIELGRUPPE: KINDER AB 4 JAHREN**

## PAPPBILDERBUCH

### Das ist der heilige Nikolaus

**von Lene März und Rike Janßen**
**Gabriel**
**ISBN 978-3-522-30175-6**
**Preis 6,90 €**

„Das ist der junge Nikolaus, er kennt im Dorf ein jedes Haus" – auf sieben stabilen Pappseiten stellt die Reimgeschichte das Leben und Wirken des heiligen Nikolaus' für die ganz Kleinen dar. Die kurzen Reime halten sich dabei an die traditionell überlieferten Ereignisse: Nikolaus wird aufgrund seiner Selbstlosigkeit und Nächstenliebe Bischof und rettet seine Stadt Myra vor einer großen Hungersnot. Die farbenfrohen Illustrationen tragen zu einer verständlichen Vermittlung der Legende bei. Auf der letzten Doppelseite erfolgt die Einbindung der Geschichte an das Alltagserleben der Kinder. Auch heute hält der Nikolaus Geschenke und Überraschungen bereit – und noch viel wichtiger: Er dient uns in seiner Hilfsbereitschaft als Vorbild. Das Bilderbuch bietet eine gute Grundlage für diejenigen, die kleinen Kindern den Nikolaustag als christliches Fest näherbringen möchten.

**ZIELGRUPPE: KINDER AB 2 JAHREN**

## HÖRSPIEL

### Der Schweinachtsmann

**von Jörg Hilbert und Felix Janosa**
**Musicom**
**ISBN 978-3-936265-02-6**
**Preis 12,50 €**

Der Titel verrät es bereits – hier bekommen es zwei Wesen miteinander zu tun, die normalerweise nicht viel gemein haben: das Schwein und der Weihnachtsmann. Aber verkleidet, so überzeugt uns der Erzähler der ausgefallenen Weihnachtsgeschichte, „merkt den Unterschied keine Sau". Weihnachtsmann Hektor Telemann Napoleon heuert kurzentschlossen ein Schwein als Aushilfe für seinen kranken Kollegen an und schickt dieses mit einem erfahrenen Rentier auf die Reise. Ob die Kinder den Schweinachtsmann enttarnen und wie dem Schwein der Job gefällt, das erzählt Fritz Stavenhagen in sechs Tracks auf unterhaltsame und gut verständliche Weise, jeweils ergänzt durch einprägsame, freche A-cappella-Stücke. Wer einen Kontrapunkt zu traditionellen Liedern und Geschichten setzen mag, der ist hier richtig. Das unkonventionelle, parodistische Hörspiel bietet aber auch Ansatzpunkte für kritische Fragen und Gespräche (Gesamtdauer: 25 Minuten).

**ZIELGRUPPE: KINDER AB 4 JAHREN**

Daniela Picco

# Entdeckungskiste

**Zeitschrift für die Praxis in Kitas**

Titelnummer 25631
ISBN: 978-3-451-25631-8

Entdeckungskiste Jahreszeiten „Nikolaus" ist ein Sonderheft der Entdeckungskiste – Zeitschrift für die Praxis in Kitas, www.entdeckungskiste.de

**Verlag Herder GmbH**
Hermann-Herder-Str. 4
79104 Freiburg

**Redaktion**
Monika Janzer (verantw.)
Tel.: 0761/27 17-378
E-Mail: janzer@herder.de

Lisa Neunzerling
Tel.: 0761/27 17-397
E-Mail: neunzerling@herder.de

**Redaktionsanschrift**
Redaktion „Entdeckungskiste"
Verlag Herder GmbH
Hermann-Herder-Str. 4
79104 Freiburg
Fax: 0761/27 17-240
E-Mail: redaktion@entdeckungskiste.de

**Autoren und Komponisten dieser Ausgabe**
Anke Agius-Gilibert, Thomas Arnold, Lisa Crone, Michaela Fichtner, Johanna Götz, Matthias Hugoth, Beate Maly, Heike Pfister, Daniela Picco, Betty Scheid, Christian M. Schulz

**Fotografen dieser Ausgabe**
Jörg Gräfingholt (S. 11), Kinder d. Kindergartens „Jahnstraße"/Heike Pfister (S. 30-31), Harald Neumann (S. 5 re, 8, 28-29, 32-33, 40-43 und 64), Heike Pfister (S. 5 li., 9, 16-19, 22-23, 38-39, 44-45 und 50), Redaktion (S. 3-4, 14-15, 20-21, 24-27, 34-35, 47 und 58-59), Rübezahl Schokoladen-Dettlingen/Teck (S. 6 und 48-49), www.fotolia.de (Matthias Enter: Stifticon S. 64, stimmungsvoll: Strichmännchen S. 43, wibaimages: S. 7)

**Bestellung und Abonnement**
Mo.-Fr.: 9.00 bis 17.00 Uhr
Tel.: 0761/27 17 - 379
Fax: 0761/27 17 - 249
E-Mail: aboservice@herder.de

**Illustrationen**
Maryse Forget, www.diGraph.de, www.maryse-forget.de

**Titelfoto**
Albert Josef Schmidt
www.fotolia.de (Arpad Nagy-Bagoly: Tannenzweige)

**Satz**
RANKERS/KREATION
www.rankers-kreation.de

**Druck**
fgb. freiburger graphische betriebe GmbH & Co. KG, www.fgb.de
Gedruckt auf chlorfrei gebleichtem Papier.

**Anzeigenleitung**
Bettina Haller
Tel.: 0761/27 17 - 456
Fax: 0761/27 17 - 353
E-Mail: haller@herder.de

Es gelten die Anzeigenpreise vom 01.01.2012



Besuchen Sie uns im Internet!
**www.entdeckungskiste.de**